ÂF188195

Impressum
Verlag: BABADADA GmbH, Nedderfeld 112 , 22529 Hamburg
Geschäftsführer / Verlagsleitung: Harald Hof
Druck: Books on Demand GmbH, In de Tarpen 42, 22848 Norderstedt

Imprint
Publisher: BABADADA GmbH, Nedderfeld 112 , 22529 Hamburg, Germany
Managing Director / Publishing direction: Harald Hof
Print: Books on Demand GmbH, In de Tarpen 42, 22848 Norderstedt

σχολείο

ቤት-ትምህርቲ

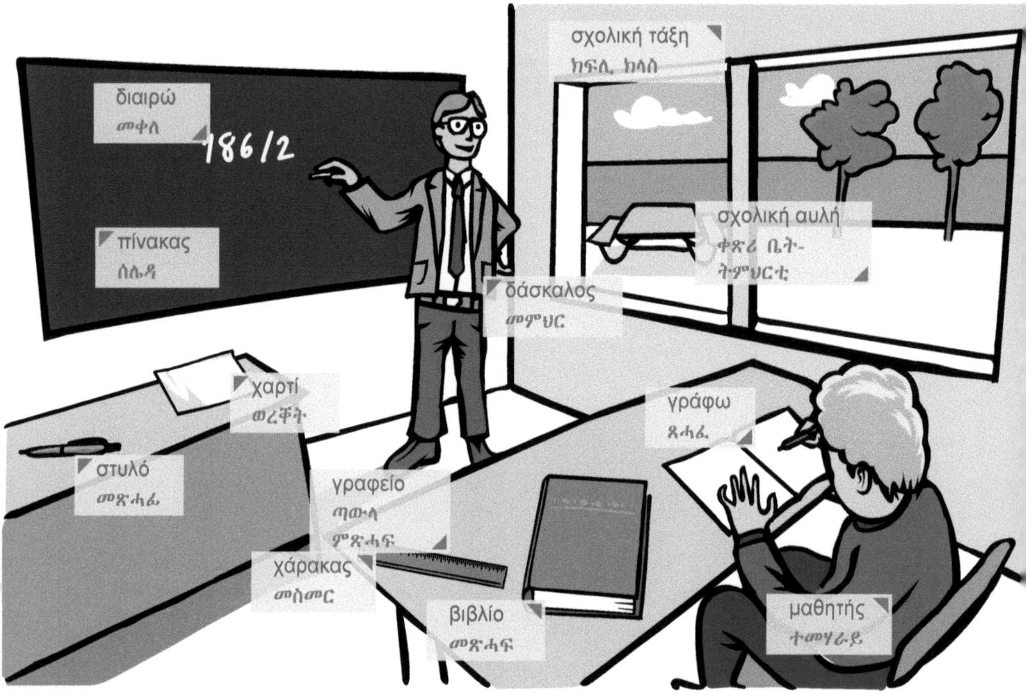

σχολική τάξη
ክፍሊ ክላስ
διαιρώ
መቀለ
186/2
πίνακας
ሰሌዳ
δάσκαλος
መምህር
σχολική αυλή
ቀጽሪ ቤት-ትምህርቲ
χαρτί
ወረቐት
γράφω
ጸሓፈ
στυλό
መጽሓፊ
γραφείο
ጣውላ ምጽሓፍ
χάρακας
መስመር
βιβλίο
መጽሓፍ
μαθητής
ተመሃራይ

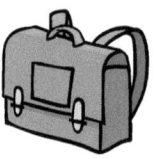

σχολική τσάντα

ሳንጣ ትምህርቲ

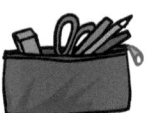

κασετίνα/ μολυβοθήκη

ሰፈር ብርዒ

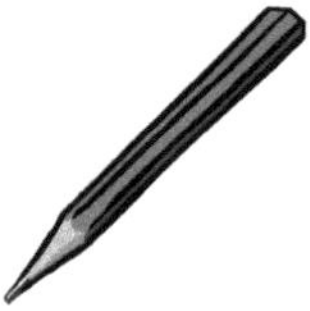

μολύβι

ርሳስ

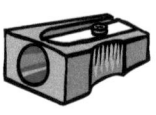

ξύστρα

መብልሒ ርሳስ

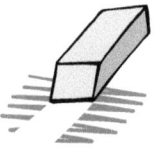

γόμα

መደምሰሲ

μπλοκ ζωγραφικής

ጥራዝ ስእሊ

ζωγραφική
....
ስእሊ

πινέλο
....
ብርኂ ቀለም

κουτί χρωμάτων
....
ቦክስ ቀለም

ψαλίδι
....
መቐስ

κόλλα
....
መጣበቒ

τετράδιο ασκήσεων
....
ጥራዝ መላመዲ

εργασία για το σπίτι
....
ዕዮ ገዛ

12

αριθμός
....
ቁጽሪ

2+2

προσθέτω
....
ወሰኸ

5-2

αφαιρώ
....
ጎደለ

2×2

πολλαπλασιάζω
....
ራብሐ

υπολογίζω
....
ደመረ

A

γράμμα
....
ፊደል

ABCDEFG
HIJKLMN
OPQRSTU
VWXYZ

αλφάβητο
....
ስርዓት ፊደላት

hello

λέξη
....
ቃል

κείμενο
ጽሑፍ

διαβάζω
አንበበ

κιμωλία
ኩርሽ

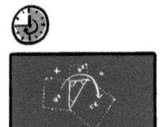

μάθημα
ሰዓት

εγγράφομαι
መዝገብ ክላስ

τεστ
መርመራ

πιστοποιητικό
ሰርቲፊከት

μαθητική στολή
ድቢዛ ቤትትምህርቲ

εκπαίδευση
ትምህርቲ

εγκυκλοπαίδεια
ለክሲኮን

πανεπιστήμιο
ዩኒቨርሲቲ

μικροσκόπιο
ሚክሮስኮፕ

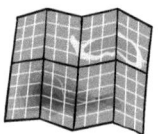

χάρτης
ካርታ

καλάθι αχρήστων
ጎሓፍ ወረቐት

ξενοδοχείο
መቅበበሊ አጋይሽ

Grand

ξενώνας
ሆስተል

ROOMS

EXCHANGE

ανταλλακτήρια συναλλάγματος
ቦታ ቅየር ገንዘብ

βαλίτσα
ባሊጃ

αυτοκίνητο
መኪና

γλώσσα

ቋንቋ

ναι / όχι

እወ / ኖ

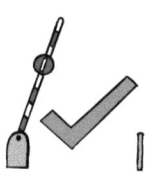

εντάξει

ሕራይ

γεια σου

ሰላም

μεταφραστής

አስተርጓሚ

Ευχαριστώ

የቐንየለይ

πόσο κάνει ;

. . . ክንደይ ዋግኡ?

Δε καταλαβαίνω

አይተረድኣኹን

πρόβλημα

ሽግር

Καλησπέρα!

ሰላም ምሽት!

Καλημέρα!

ከመይ ሓዲርካ

Καληνύχτα!

ሰላም ለይቲ

Αντίο

ደሓን ኩን

κατεύθυνση

አንፈት

αποσκευές

ጉዕዝ

τσάντα

ሳንጣ

σακίδιο πλάτης

ሳንጣ ሕቖ

καλεσμένος

ጋሻ

δωμάτιο

ክፍሊ

υπνόσακος

ክሻ መደቐሲ

σκηνή

ቴንዳ

ταξίδι - መገሻ

τουριστικές πληροφορίες

ሓበሬታ በጻሕቲ ሃገር

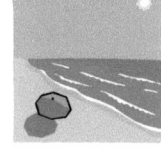

παραλία

ገምገም ባሕሪ

πιστωτική κάρτα

ክረዲት ካርድ

πρωινό

ቁርሲ

μεσημεριανό

ምሳሕ

δείπνο

ድራር

εισιτήριο

ቲከት

ανελκυστήρας

ሊፍት

γραμματόσημο

ማሕተም ደብዳበ

σύνορα

ዶብ

τελωνείο

ድንና

πρεσβεία

ኣምበሲ

βίζα

ቪዛ

διαβατήριο

ፓስፖርት

μεταφορά

መጓዓዝያ

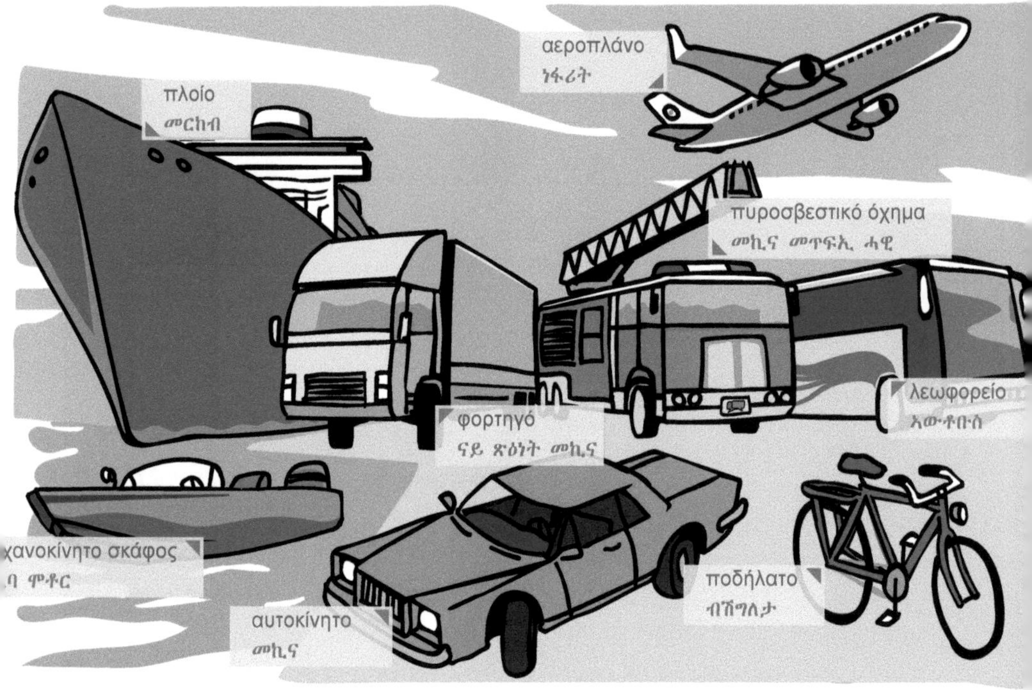

αεροπλάνο
ነፋሪት
πλοίο
መርከብ
πυροσβεστικό όχημα
መኪና መጥፋኢ ሓዊ
λεωφορείο
አውቶቡስ
φορτηγό
ናይ ጽዕነት መኪና
χανοκίνητο σκάφος
ባ ሞቶር
ποδήλατο
ብሽግለታ
αυτοκίνητο
መኪና

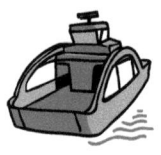

φεριμπότ

ፈሪ

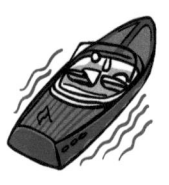

βάρκα

ጃልባ

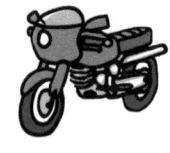

μοτοσικλέτα

ሞቶ

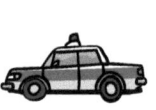

περιπολικό

መኪና ፖሊስ

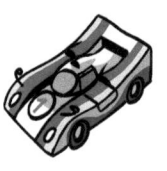

αγωνιστικό αυτοκίνητο

መኪና ቅድድም

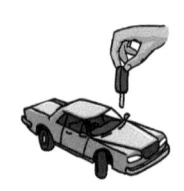

ενοικιαζόμενο αυτοκίνητο

ክራይ መኪና

διαμοιρασμός αυτοκινήτων

ምውፋይ መኪይን

γερανός

መወሰዲ መኪና

απορριμματοφόρο

መኪና ጎሓፍ

κινητήρας

ሞቶC

καύσιμο

ነዳዪ

βενζινάδικο

እንዳ ነዳዪ

πινακίδα σήμανσης

ምልክት ትራፊክ

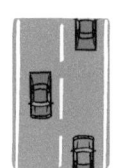

κυκλοφορία

ትራፊክ

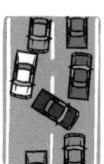

κυκλοφοριακή συμφόρηση

ምጭቕጫቕ ትራፊክ

χώρος στάθμευσης

መዕኒ መኪና

σιδηροδρομικός σταθμός

መዕረፊ ባቡC

σιδηροδρομικές γραμμές

ሓዲግ

τρένο

ባቡC

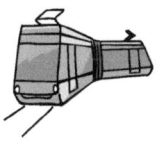

τραμ

ትራም

βαγόνι

ባጎኒ

ελικόπτερο

ሄሊኮፕተር

αεροδρόμιο

መዓረፍ ነፋርተ

πύργος

ታወር

επιβάτης

ተጓዥ

εμπορευματοκιβώτιο

ኮንተይነር

χαρτοκιβώτιο

ሳንዱቅ ካርተን

καρότσι

ኮርሳ ጽዕነት

καλάθι

ዘንቢል

απογειώνομαι /
προσγειόνομαι

ተበገሰ / ዓለበ

πόλη

ከተማ

χωριό

ቀሽት

κέντρο της πόλης

ማእከል ከተማ

σπίτι

ገዛ

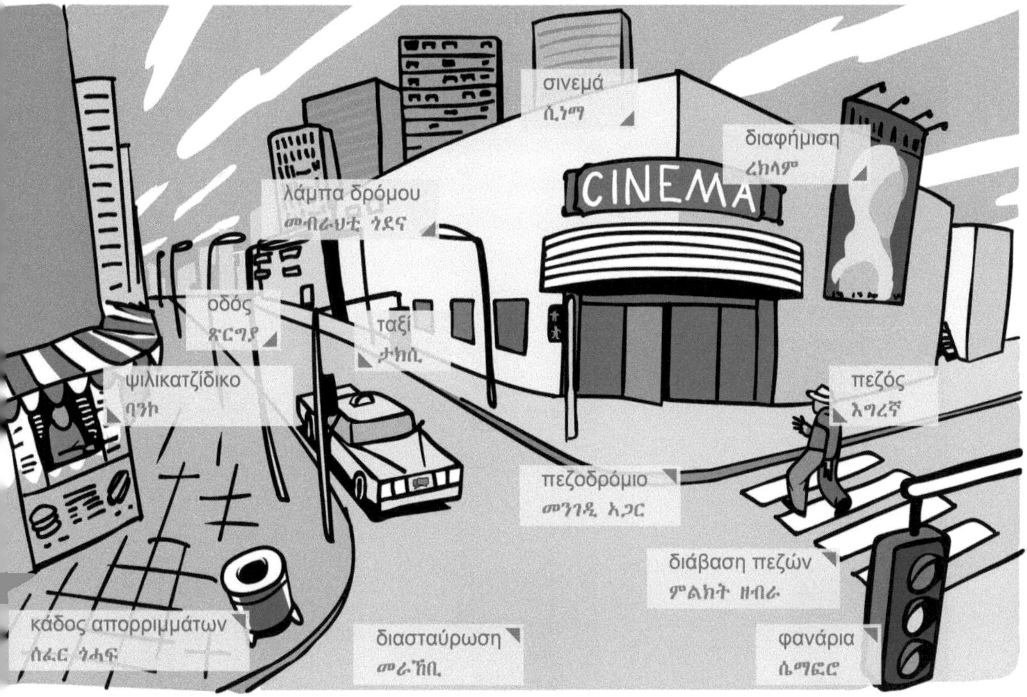

σινεμά
ሲኔማ

διαφήμιση
ረክላም

λάμπα δρόμου
መብራህቲ ጎደና

οδός
ጽርግያ

ταξί
ታክሲ

ψιλικατζίδικο
ጓኑ

πεζός
እግረኛ

πεζοδρόμιο
መንገዲ እጋር

διάβαση πεζών
ምልክት ዘብራ

φανάρια
ሴማፎር

κάδος απορριμμάτων
ሰፈር ጓሓፍ

διασταύρωση
መራኸቢ

καλύβα
አጕዶ

διαμέρισμα
አፓርትመንት

σιδηροδρομικός σταθμός
መዕረፊ ባቡር

δημαρχείο
ቤት ምምሕዳር

μουσείο
ቤተ መዘክር

σχολείο
ቤት-ትምህርቲ

πανεπιστήμιο

ዩኒቨርሲቲ

τράπεζα

ባንክ

νοσοκομείο

ሆስፒታል

ξενοδοχείο

መቐበሊ ኣጋይሽ

φαρμακείο

ቤት መድሃኒት

γραφείο

ቤት ጽሕፈት

βιβλιοπωλείο

ዱኳን መጽሓፍቲ

κατάστημα

ዱኳን

ανθοπωλείο

ዱኳን ዕንባባ

σούπερ μάρκετ

ሱፐርማርከት

αγορά

ዕዳጋ

πολυκατάστημα

ሹቕ

ιχθυοπωλείο

ነጋዳይ ዓሳ

εμπορικό κέντρο

ሹቕ

λιμάνι

መርሳ

12

πόλη - ከተማ

πάρκο

መዝናኛ

παγκάκι

ባንኪ

γέφυρα

ድልድል

σκάλες

መደያይቦ

μετρό

ባቡር ትሕቲ ምድሪ

τούνελ

ቢንቶ

στάση λεωφορείου

መዕረፊ ኣውቶቡስ

μπαρ

ቤት መስተ

εστιατόριο

ቤት-መግቢ

γραμματοκιβώτιο

ሳጹርት

πινακίδα δρόμου

ታቤላ

παρκόμετρο

ሰዓት ፓርኪንግ

ζωολογικός κήπος

መካነ እንስሳታት

πισίνα

መሐምበሲ

τζαμί

መስጊድ

αγρόκτημα

ቤት ሕርሻ

ρύπανση

ብከላ

νεκροταφείο

መቃብር

εκκλησία

ቤተክርስትያን

παιδική χαρά

ቦታ ምጽዋት

ναός

ቤት መቕደስ

τοπίο

ስእሊ መሬት

φύλλο
ኣቝጽልቲ

πινακίδα κατεύθυνσης
መሕበሪ መገዲ

δρόμος
መገዲ

λιβάδι
ሸኻ

πέτρα
እምኒ

δέντρο
ኣግራብ

πεζοπόρος
ኩብላለ

ποτάμι
ፈለግ

χορτάρι
ሰዓር

λουλούδι
ዕንባባ

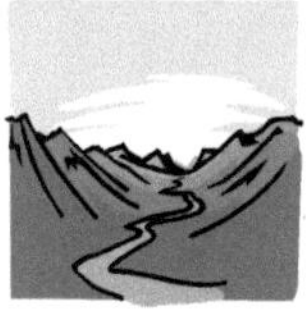

κοιλάδα

ስንጭሮ

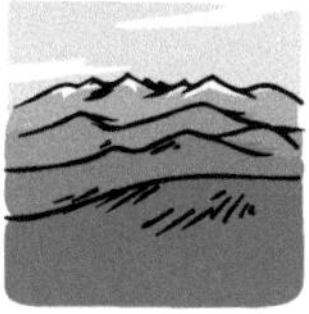

λόφος

ጎቦ

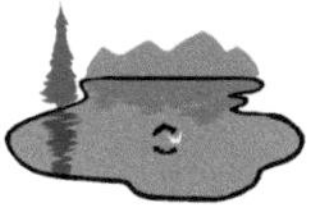

λίμνη

ቀላይ

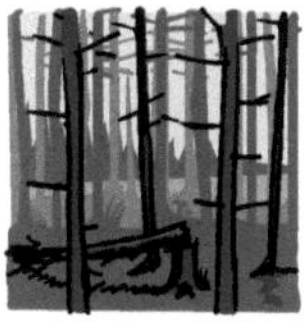

δάσος

ዱር

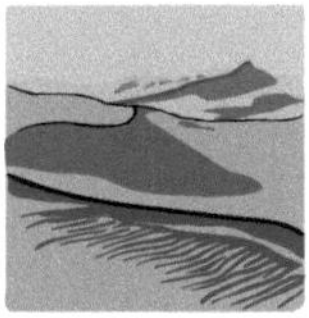

έρημος

ምድረ በዳ

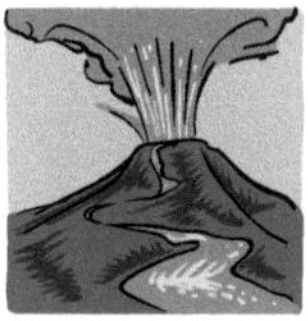

ηφαίστειο

እሳተ-ጎመራ

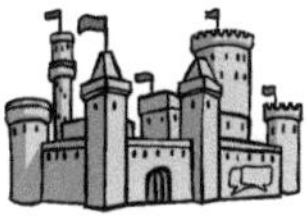

κάστρο

ግምቢ

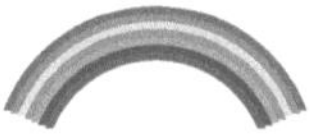

ουράνιο τόξο

ቀስተ-ደመና

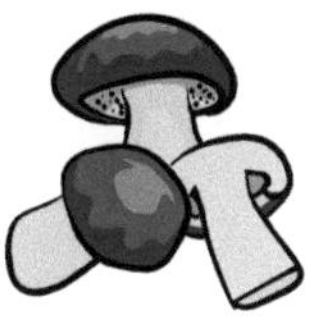

μανιτάρι

ቃንጥሻ

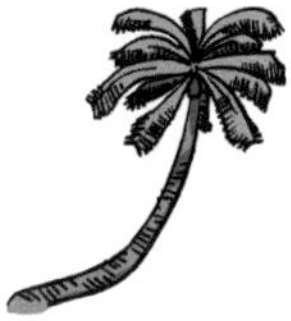

φοίνικας

ዓርኮብኮባይ

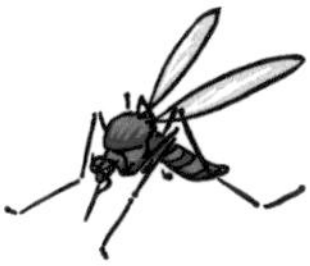

κουνούπι

ጣንጡ

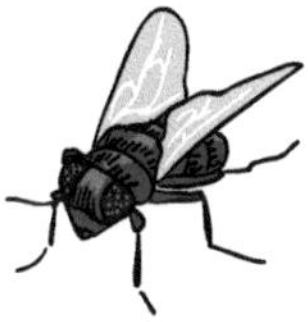

μύγα

ሃመማ

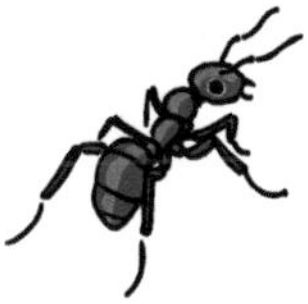

μυρμήγκι

ጻጸ

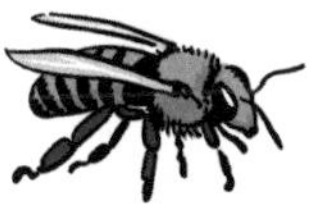

μέλισσα

ንህቢ

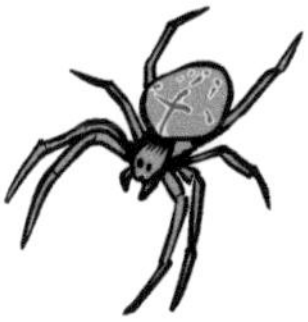

αράχνη

ሳሬት

σκαθάρι

ሕንዚዝ

βάτραχος

ዕንቅርዖብ

σκίουρος

ምጽጹላይ

σκαντζόχοιρος

ቅንፍዝ

λαγός

ማንቲለ

κουκουβάγια

ጉንጝ

πουλί

ጭሩ

κύκνος

ስዋን

αγριογούρουνο

መፍለስ

ελάφι

ዓጋዘን

άλκη

ሙስ

φράγμα

ግድብ

ανεμογεννήτρια

ተርባይን ንፋስ

ηλιακός συλλέκτης

ሶላር ስርሓት

κλίμα

ኩነታት አየር

εστιατόριο

ቤት-መግቢ

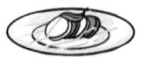

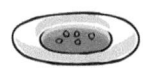

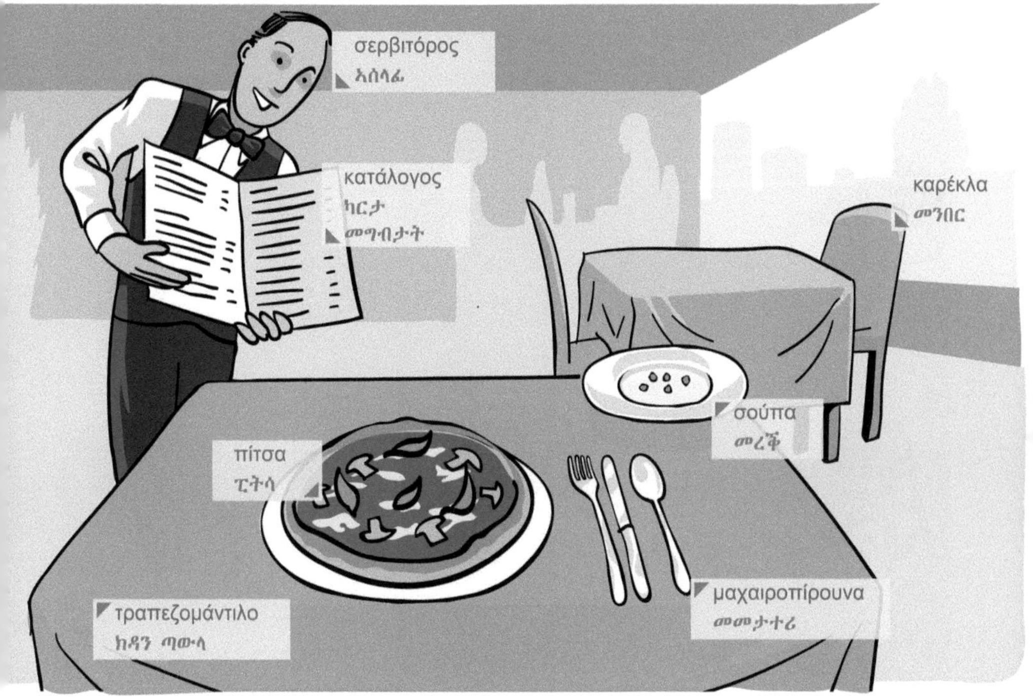
σερβιτόρος
ኣሰላፊ
κατάλογος
ካርታ
መግብታት
καρέκλα
መንበር
σούπα
መረቕ
πίτσα
ፒትሳ
τραπεζομάντιλο
ክዳን ጣውላ
μαχαιροπίρουνα
መመታተሪ

ορεκτικό

ቅድመ ቀንዲ መግቢ

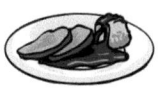

κύριο πιάτο

ቀንዲ መኣዲ

επιδόρπιο

ድሕሪ መግቢ

ποτά

መስተ

φαγητό

መግቢ

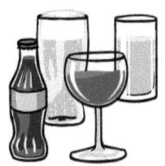

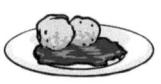

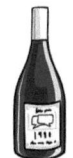

μπουκάλι

ጥርሙዝ

φαστ φουντ

ስሉጥ መግቢ.

φαγητό στ' όρθιο

መግቢ. ጽርግያ

τσαγιέρα

ብርጭቆ ሻሂ

δοχείο ζάχαρης

ታኒካ ሽኮር

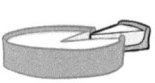

μερίδα

ክፋል

μηχανή εσπρέσο

ማሽን ሔስፕረሶ

ψηλή καρέκλα

ነዊሕ መንበር

λογαριασμός

ጸብጻብ

δίσκος

ታብለት

μαχαίρι

ካራ

πιρούνι

ፉርከታ

κουτάλι

ማንካ

κουταλάκι του τσαγιού

ማንካ ሻሂ

πετσέτα φαγητού

ሰርቭየተ

ποτήρι

ብኬሪ

εστιατόριο - ቤት-መግቢ.

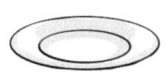

πιάτο

ሸሓኒ

πιάτο σούπας

ሸሓኒ መረቕ

πιατάκι φλιτζανιού

ትሕቲ ኩባያ

σάλτσα

ጸብሒ

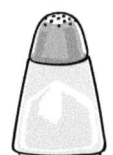

αλατιέρα

ወህቢ ጨው

μύλος για πιπέρι

መጥሓን በርበረ

ξύδι

ኣቾቶ

λάδι

ዘይቲ

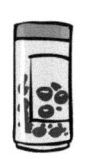

μπαχαρικά

ቀመም

κέτσαπ

ከቾፕ

μουστάρδα

ኣድሪ

μαγιονέζα

ማዮነዝ

σούπερ μάρκετ

ሱፐርማርክት

προσφορά
ወፈያ
FOR
πελάτης
ዓሚል
γαλακτοκομικά προϊοντα
ፍርያታት ጸባ
φρούτα
ፍረታት
καρότσι για ψώνια
ሰረገላ ዱኳን

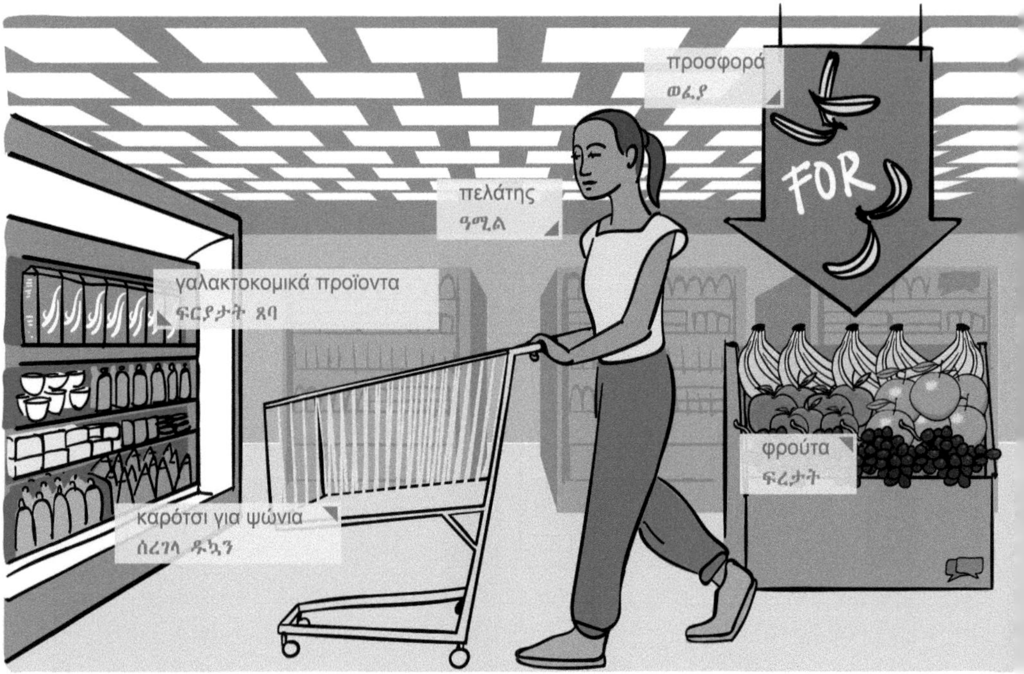

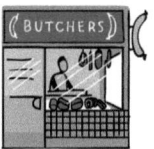

BUTCHERS

κρεοπωλείο

እንዳ ስጋ

BAKERY

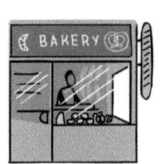

φούρνος

እንዳ ባኒ

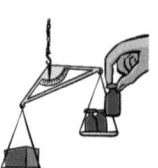

ζυγίζω

ክብደት

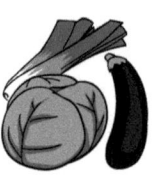

λαχανικά

ኣሕምልቲ

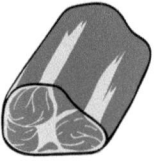

κρέας

ስጋ

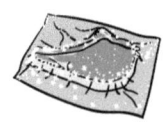

κατεψυγμένα τρόφιμα

መግቢ ፍሪጅ በረድ

αλλαντικά

ዝሑል ቅሩብ መግቢ

κονσερβοποιημένη τροφή

እስታፍላ

απορρυπαντικό ρούχων

አሞ

γλυκά

ምቁር መግቢ

οικιακά είδη

ዘቤታውያን ኣቑሑ

καθαριστικά προϊόντα

ናውቲ መጽረዪ

πωλήτρια

ሸቃጣይ

ταμείο

ካሳ

ταμίας

ተሓዝ ገንዘብ

λίστα για ψώνια

ዝርዝር ምግዛእ

ωράριο λειτουργίας

ክፉት ሰዓታት

πορτοφόλι

ማሕፉዳ

πιστωτική κάρτα

ክረዲት ካርድ

τσάντα

ሳንጣ

πλαστική σακούλα

ፌስታል

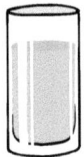

νερό

ማይ

χυμός

ጅማቄ

γάλα

ጸባ

κόκα κόλα

ኮላ

κρασί

ነቢት

μπίρα

ቢራ

αλκοόλ

አልኮል

κακάο

ካካው

τσάι

ሻሂ

καφές

ቡን

εσπρέσο

ኤስፕረሶ

καπουτσίνο

ካፑቺኖ

μπανάνα

ባናና

μήλο

ቱፋሕ

πορτοκάλι

አራንሺ.

πεπόνι

ብርጭቆ

λεμόνι

ለሚን

καρότο

ካሮት

σκόρδο

ጾዳ ሽጉርቲ

μπαμπού

ባምቡስ

κρεμμύδι

ሽጉርቲ

μανιτάρι

ቅንጥሻ

ξηροί καρποί

ፉል

νουντλς

ፓስታ

μακαρόνια

ስፓጌቲ

ρύζι

ሩዝ

σαλάτα

ሰላጣ

πατατάκια

ቅልዋ ድንሽ

τηγανητές πατάτες

ቅሉው ድንሽ

πίτσα

ፒትሳ

χάμπουργκερ

ሃምቡርገር

σάντουιτς

ፓኒኖ

κοτολέτα

ቢስተኪ

ζαμπόν

ሰለፍ ሓሰማ

σαλάμι

ሳላሚ

λουκάνικο

ግዕዝም

κοτόπουλο

ደርሆ

ψητό

ቀለወ

ψάρι

ዓሳ

φαγητό - መግቢ.

χυλός βρώμης
ገዓት

μούσλι
ሙስሊ

κορν φλέικς
ኮርንፍለይክስ

αλεύρι
ሓርጭ

κρουασάν
ክሮሶን

ψωμάκι
ባኒ

ψωμί
ባኒ

τοστ
ቶስት

μπισκότα
ብሽኩቲ

βούτυρο
ጠስሚ

τυρόπηγμα
ርጎኦ

κέικ
ኬክ

αυγό
እንቋቍሑ

τηγανητό αυγό
ቅሉው እንቋቍሑ

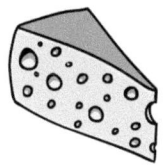

τυρί
ፋርማጆ

παγωτό

አይስ ክሪም

ζάχαρη

ሽኮር

μέλι

መዓር

μαρμελάδα

ጃም

άλλειμμα σοκολάτας

ኑጋት-ክሪም

κάρυ

ኩሪ

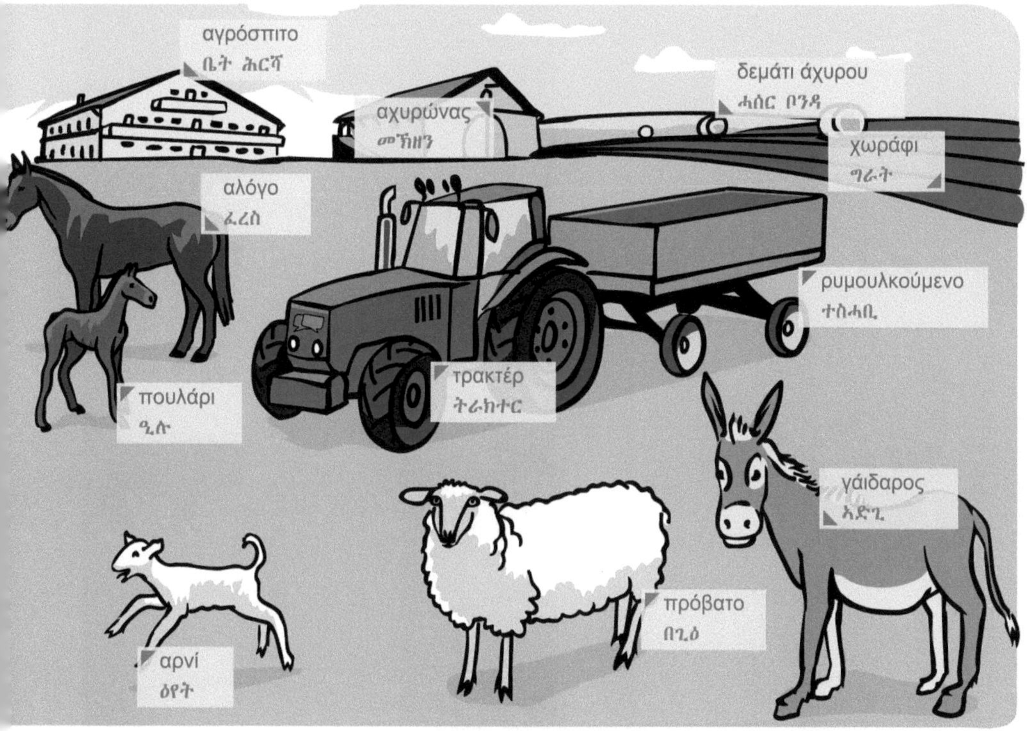

αγρόσπιτο
ቤት ሕርሻ

δεμάτι άχυρου
ሓሰር ቦንዳ

αχυρώνας
መኽዘን

χωράφι
ግራት

αλόγο
ፈረስ

ρυμουλκούμενο
ተስሓቢ

πουλάρι
ዒሉ

τρακτέρ
ትራክተር

γάιδαρος
አድጊ

πρόβατο
በጊዕ

αρνί
ዕየት

κατσίκα

ጤል

αγελάδα

ብዕራይ

μοσχαράκι

ም'ራኽ

γουρούνι

ሓሰማ

γουρουνάκι

ውላድ ሓሰማ

ταύρος

አርሒ

χήνα

ጓጓ

πάπια

ማይ ደርሆ

κοτοπουλάκι

ጫቆት

κότα

ደርሆ

κόκορας

አርሐ ደርሆ

αρουραίος

አንጨዋ ዓባይ

γάτα

ድመ

ποντίκι

አንጭዋ

βόδι

ብዕራይ

σκύλος

ከልቢ

σπιτάκι σκύλου

አጉዶ ከልቢ

λάστιχο κήπου

ቱባ ጀርዲን

ποτιστήρι

መዝሬፈ ማይ

θεριστήρι

ዓቢ ማዓጺድ

αλέτρι

ማሕረሻ

δρεπάνι

ማዕጺድ

τσάπα

ጭሃር

δίκρανο

መስአ

τσεκούρι

ፋስ

χειράμαξα

ዓረብያ ኢድ

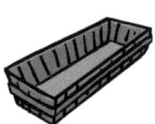

ταΐστρα

ጋብላ

δοχείο γάλακτος

ብሩጭቆ ጸባ

σάκος

ከሻ

φράχτης

ሓጹር

στάβλος

መንሰስ

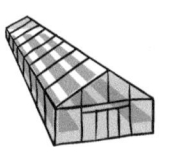

θερμοκήπιο

ቆጠልያ ገዛ

έδαφος

ባይታ

σπόρος

ዘርኢ

λίπασμα

ድኹዒ

θεριζοαλωνιστική μηχανή

ዘጣምር ቀውዓይ

θερίζω

ቀውዐ

συγκομιδή

ጻማ

γιαμς

ድንሽ ያም

σιτάρι

ስርናይ

σόγια

ሶያ

πατάτα

ድንሽ

καλαμπόκι

ዐፉን

κράμβη

ራ-ፕስ

οπωροφόρο δέντρο

ገረብ ፍረታት

μανιόκα

ማኒኦክ

δημητριακά

እኽሊ

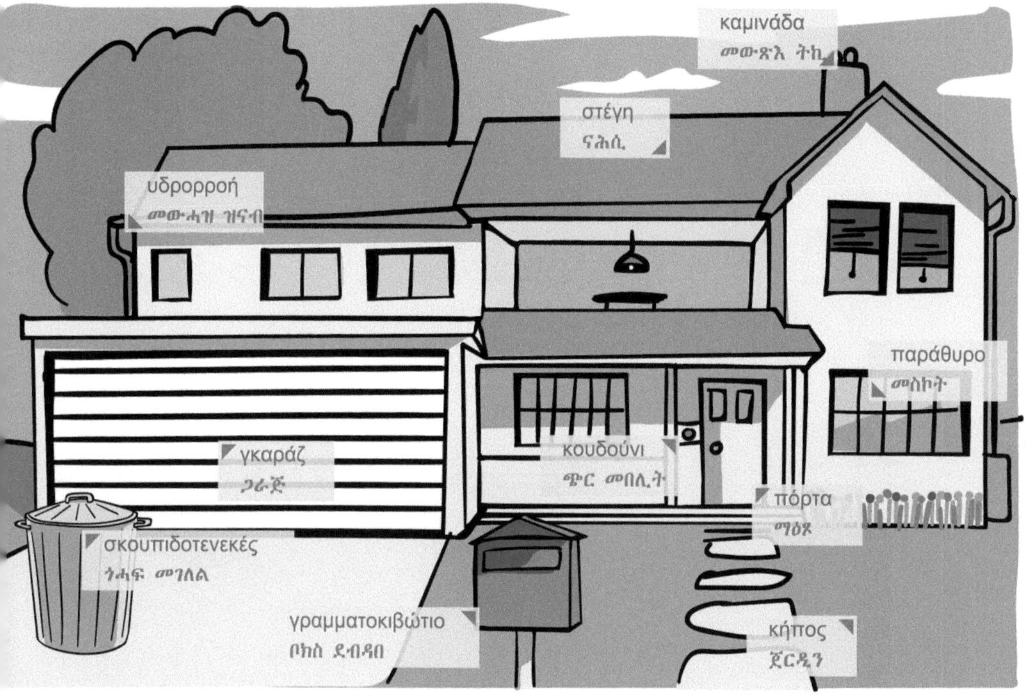

καμινάδα
መውጽእ ትኪ

στέγη
ናሕሲ

υδρορροή
መውሓዝ ዝናብ

παράθυρο
መስኮት

γκαράζ
ጋራጅ

κουδούνι
ጭር መበሊት

πόρτα
ማዕጾ

σκουπιδοτενεκές
ጎሓፍ መግለል

πόρτα
ማዕጾ

γραμματοκιβώτιο
ቦክስ ደብዳበ

κήπος
ጀርዲን

σαλόνι

ክፍሊ ምቕማጥ

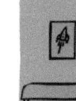

μπάνιο

ክፍሊ ባንዮ

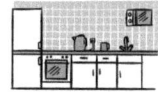

κουζίνα

ክሽን

υπνοδωμάτιο

ክፍሊ መደቀሲ

παιδικό δωμάτιο

ክፍሊ ቆልዑ

τραπεζαρία

መመገቢ ክፍሊ

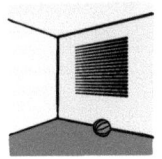

πάτωμα

ባይታ

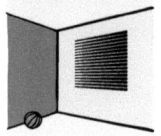

τοίχος

መንደቅ

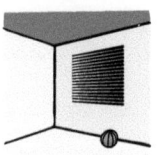

οροφή

ከበርታ

κελάρι

ካንቲና

σάουνα

ሳውና

μπαλκόνι

ባልኮን

βεράντα

ዛላ

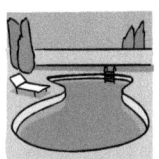

πισίνα

መሕምበሲ

μηχανή του γκαζόν

መቒረጺ ሳዕሪ

σεντόνι

አንሶላ ዓራት

κάλυμμα κρεβατιού

ከበርታ ዓራት

κρεβάτι

ዓራት

σκούπα

መኾስተር

κουβάς

መገለል

διακόπτης

መወልዒት

σαλόνι

ክፍሊ ምቕማጥ

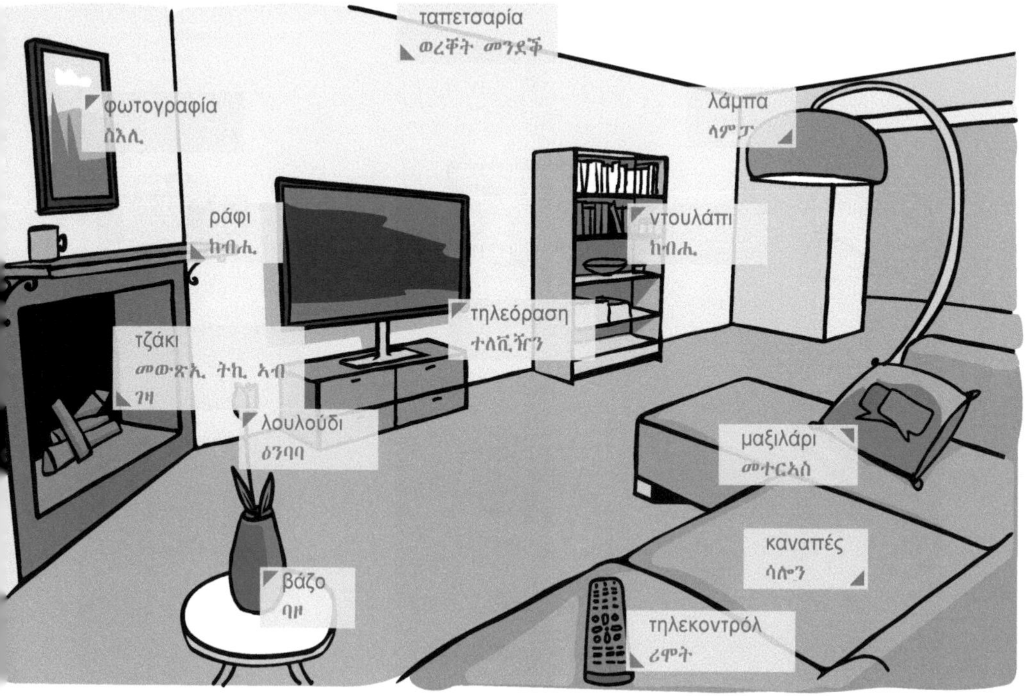
ταπετσαρία
ወረቐት መንደቕ
φωτογραφία
ስእሊ
λάμπα
ላምፓ
ράφι
ከብሒ
ντουλάπι
ከብሒ
τηλεόραση
ተለቪዥን
τζάκι
መውጽኢ ትኪ ኣብ ገዛ
λουλούδι
ዕንባባ
μαξιλάρι
መተርኣስ
καναπές
ሳሎን
βάζο
ባዞ
τηλεκοντρόλ
ሪሞት

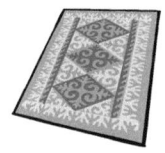

χαλί

መንጸፍ

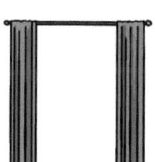

κουρτίνα

መጋረጃ

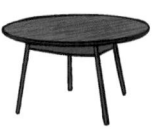

τραπέζι

ጣውላ

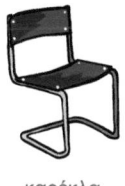

καρέκλα

መንበር

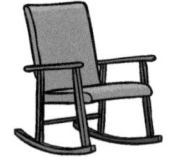

κουνιστή πολυθρόνα

ሰለል ዝብል መንበር

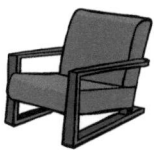

πολυθρόνα

መንበር ምቹእ

βιβλίο

መጽሓፍ

κουβέρτα

ከበርታ

διακόσμηση

ስልማት

καυσόξυλα

እንጨይቲ ሓዊ

ταινία

ፊልም

στερεοφωνικό σύστημα

ስተረዮ

κλειδί

መፍትሕ

εφημερίδα

ጋዜጣ

πίνακας ζωγραφικής

ቅብኣ

αφίσα

ፖስተር

ραδιόφωνο

ረድዮ

σημειωματάριο

ጥራዝ

ηλεκτρική σκούπα

መልገሲ. ደርና

κάκτος

በለስ

κερί

ሽምዓ

κουζίνα
ክሽነ

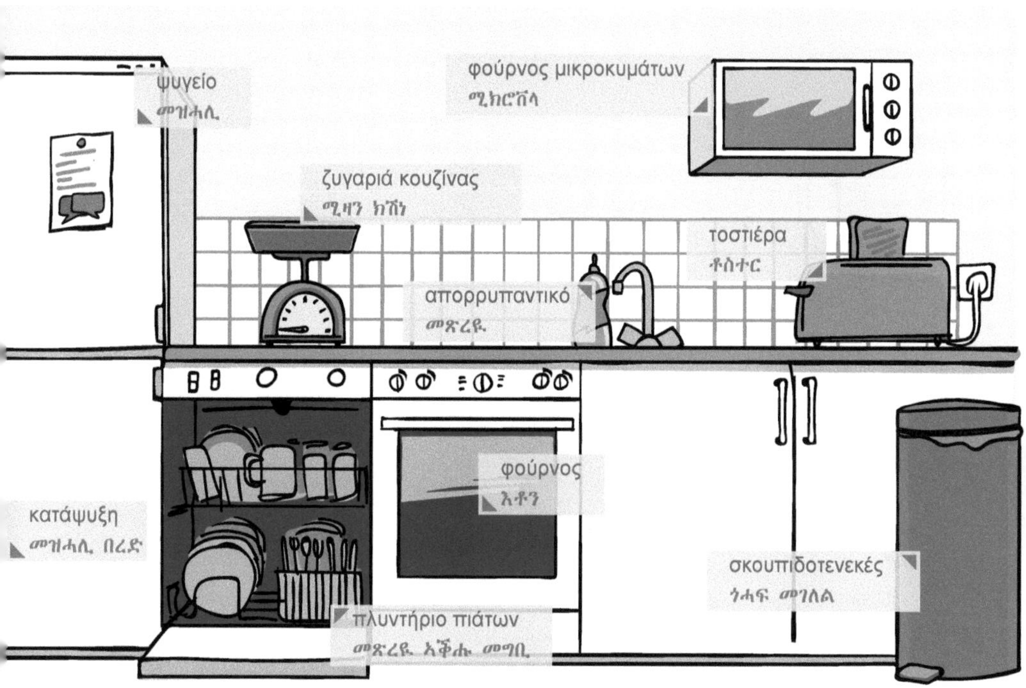
ψυγείο
መዝሓሊ
φούρνος μικροκυμάτων
ሚክሮቨላ
ζυγαριά κουζίνας
ሚዛን ክሽነ
τοστιέρα
ቶስተር
απορρυπαντικό
መጽረዪ
φούρνος
እቶን
κατάψυξη
መዝሓሊ በረድ
σκουπιδοτενεκές
ጎሓፍ መገለሊ
πλυντήριο πιάτων
መጽረዪ ኣቕሑ መግቢ

κουζίνα
መኸሸኒ

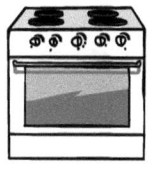

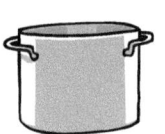

κατσαρόλα
ድስቲ

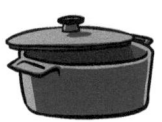

μαντεμένια κατσαρόλα
ድስቲ ሓጺን

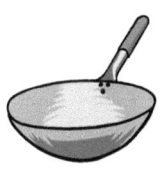

γουόκ/καντάι
ቮክ/ካዳይ

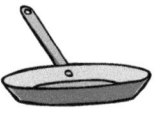

τηγάνι
ባደላ

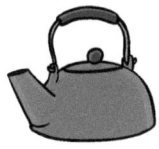

βραστήρας
መውዓዪ ማይ

ατμομάγειρας

መፍልሒ.

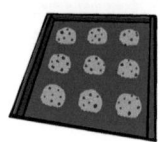

ταψί

ንቲራ ምስንካት

πιατικά

አቕሑ መግቢ.

κούπα

ብርጭቆ

μπολ

ጭሓሎ

ξυλάκια

ማንካቺና

κουτάλα

ማንካ መረቕ

σπάτουλα

መገልበጢ ባደላ

ανακατεύω

መኾስተር ውርጪ.

σουρωτήρι

መንፈት መግቢ.

σουρωτηράκι

መንፈት

τρίφτης

መፋሕፍሒ.

γουδί

ሞርታር

ψησταριά

ባርቢክዮ

ανοιχτή φωτιά

ስፍራ ሓዊ

σανίδα κοπής

እንጨይቲ ምምታር

πλάστης

እንጨይቲ ኮረር

ανοιχτήρι φελλών

መኽፈት ቡሽ

κονσέρβα

ታኒካ

ανοιχτήρι κονσέρβας

መኽፈቲ ታኒካ

γάντι φούρνου

ጨርቂ ድስቲ

νεροχύτης

ቡምባ

βούρτσα

ኣስባስላ

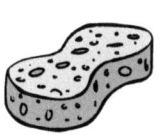

σφουγγάρι

ሰፍነግ

μπλέντερ

ሓዋሲ ኣደባላቒ

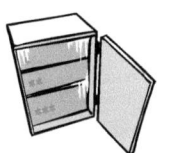

καταψύκτης

መዝሓሊ በረድ

μπιμπερό

ጥርሙዝ ማማይ

βρύση

ቡምባ ማይ

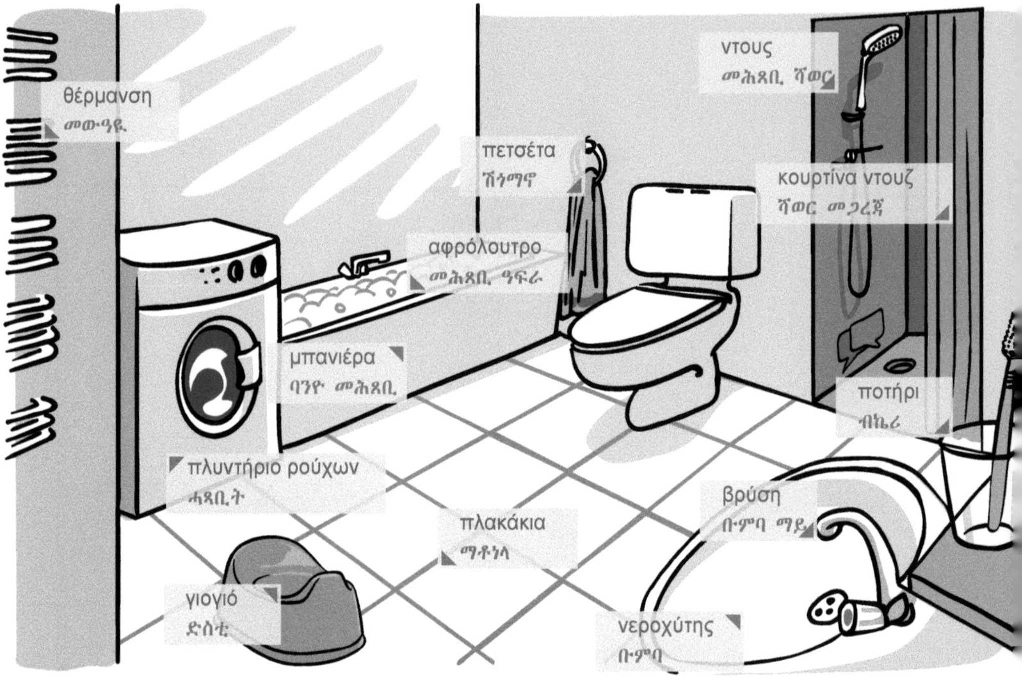

θέρμανση
መውዓዪ

ντους
መሕጸቢ ሻወር

πετσέτα
ሽጎማና

αφρόλουτρο
መሕጸቢ ዓፍራ

κουρτίνα ντουζ
ሻወር መጋረጃ

μπανιέρα
ባኞ መሕጸቢ

πλυντήριο ρούχων
ሓጻቢት

ποτήρι
ብኬሪ

πλακάκια
ማቶነላ

βρύση
ቡምባ ማይ

γιογιό
ድስቲ

νεροχύτης
ቡምባ

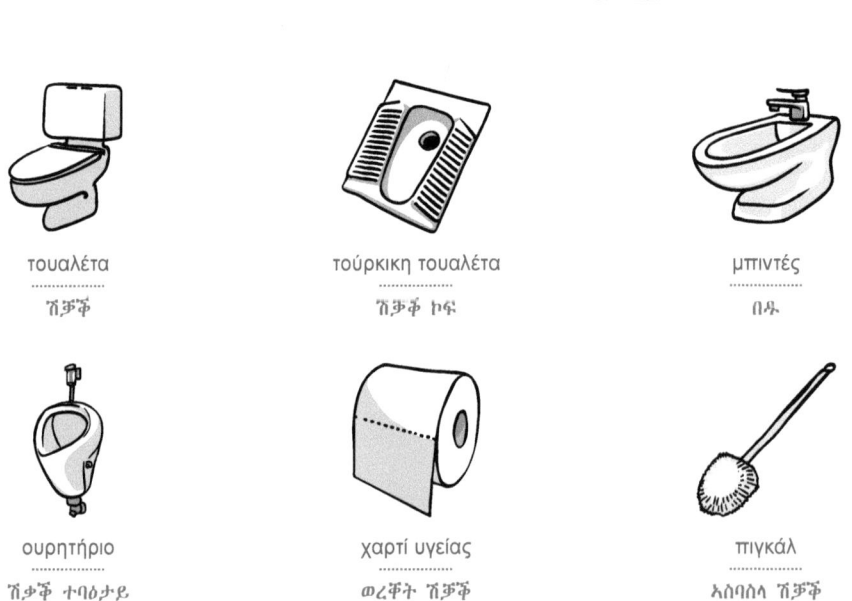

τουαλέτα	τούρκικη τουαλέτα	μπιντές
ሽቓቝ	ሽቓቝ ኮፍ	በዱ

ουρητήριο	χαρτί υγείας	πιγκάλ
ሽቓቝ ተባዕታይ	ወረቐት ሽቓቝ	አስባስላ ሽቓቝ

οδοντόβουρτσα

ኣስባስላ ስኒ

οδοντόκρεμα

ክሪማ ስኒ

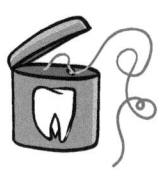

οδοντικό νήμα

ሃሪ ስኒ

πλένω

ሓጸብ

τηλέφωνο ντους

ዱሽ ኢ.ድ

ντουσιέρα

ዱሽ

λεκάνη

ብሩጭቆ ም.ሕጸብ

βούρτσα πλάτης

ኣስባስላ ሕቆ

σαπούνι

ሳምና

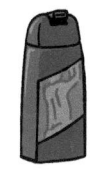

αφρόλουτρο

ሻወር ጀል

σαμπουάν

ሻምፑ

φανέλα

ጨርቂ መሕጸቢ.

σιφόνι

መውሓዚ

κρέμα

ክሪማ

αποσμητικό

ደዖ ጨና

καθρέφτης

መስትያት

καθρέφτης χειρός

ናይ ኢ.ድ መስትያት

ξυραφάκι

መላጸ

αφρός ξυρίσματος

ዓፍራ ምልጻይ

αφτερσέιβ

ጨና ድሕሪ ምልጻይ

χτένα

መመሸጥ

βούρτσα

ኣስባስላ

σεσουάρ

መንቐጺ ጸጉር

λακ

ስፕረይ ጸጉር

μακιγιάζ

መመላኽዪ

κραγιόν

ብርዒ ቀለም ከንፈር

βερνίκι νυχιών

ኣዝማልቶ

βαμβάκι

ጻምሪ ጡጥ

ψαλίδι νυχιών

መስደዲ ጽፍሪ

άρωμα

ጨና

νεσεσέρ

ሳንጣ መሕጸቢ.

σκαμπό

ድኳ

ζυγαριά

ሚዛን

μπουρνούζι

ክዳን መሕጸቢ.

ελαστικά γάντια

ጓንቲ መጸረዪ.

ταμπόν

ታምፖን

πετσέτα υγιεινής

ጨርቂ ሰበይቲ

χημική τουαλέτα

ሽቓቕ ከሚስትሪ

παιδικό δωμάτιο

ክፍሊ ቆልዑ

ξυπνητήρι
ኣላርም መተስኢ
λούτρινο ζωάκι
መጻወቲ እንስሳ
αυτοκινητάκι
መጻወቲ መኪና
κουδουνίστρα
ኳሕኳሕ መበሊ
κουκλόσπιτο
ቤት ባምቡላ
δώρο
ህያብ

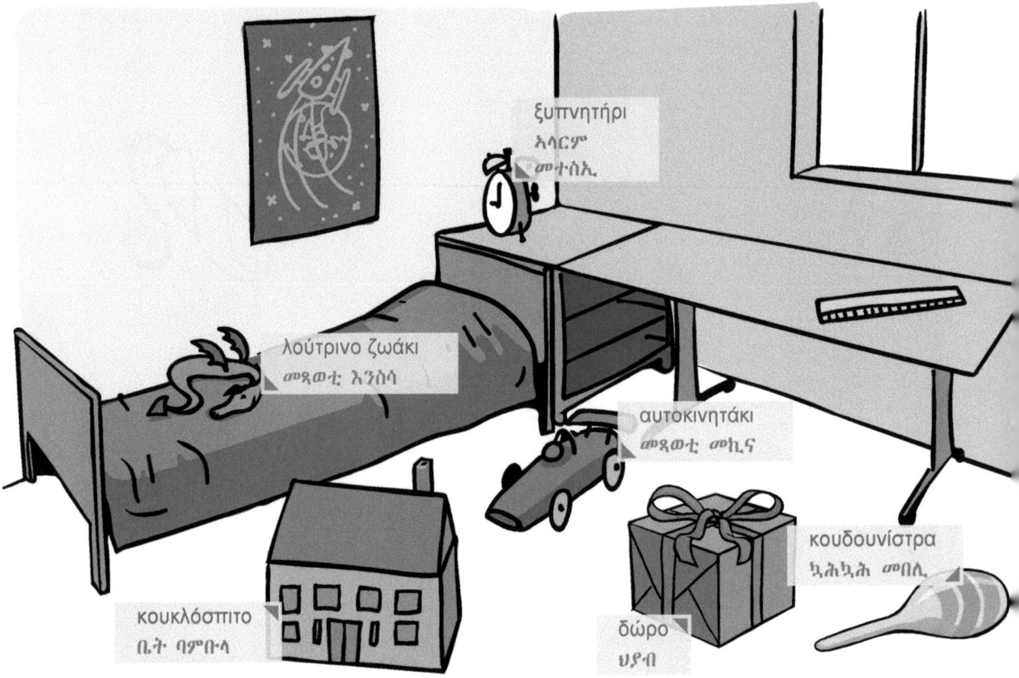

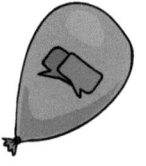

μπαλόνι

ባላንችና

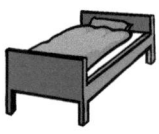

κρεβάτι

ዓራት

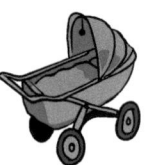

καροτσάκι

ሰረገላ ህጻን

τράπουλα

ጸወታ ካርታ

παζλ

ሕንቅሊተይ

SUPER
MEGA

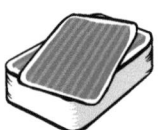

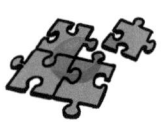

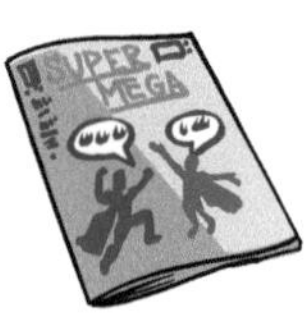

κόμικς

ኮሜዲ

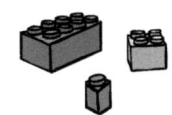

τουβλάκια lego

እምነታት መጻወቲ ለጎ

τουβλάκια κατασκευών

መጻወቲ እምነታት

φιγούρα δράσης

በግል አከቸን

βρεφικό φορμάκι

ክዳን ማማይ

φρίσμπι

ፍሪስቢ

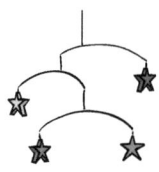

μόμπιλο

ሞባይል ማማይ

επιτραπέζιο παιχνίδι

ጸወታ ሰሌዳ

ζάρια

ኩቦ

σετ τρενάκι

ሞደል ባቡር ምድሪ

πιπίλα

ዓባስ

πάρτι

ፓርቲ

εικονογραφημένο βιβλίο

መጽሓፍ ስእሊ

μπάλα

ኩዕሶ

κούκλα

ባምቡላ

παίζω

ተጻወተ

σκάμμα με άμμο

መጻወቲ ሑጻ

κούνια

ሰላል

παιχνίδια

መጻወቲታት

κονσόλα βιντεοπαιχνιδιών

ኮንሶል ቪ.ድዮ

τρίκυκλο

መጻወቲ ሰለስተ መንኮርኮር

αρκουδάκι

ተዲ

ντουλάπα

ከብሒ. ክዳን

ρούχα

ክዳን

κάλτσες

ካልስታት

καλτσοδέτες

ነዊሕ ካልስታት

κάλσόν

ስረ ካልሲ.

κασκόλ
ኻርባ

ομπρέλα
ጃላ

ζώνη
ቀልፉ

μπλουζάκι
ማልያ

μπότες
ረፋዕ

παντόφλες
ጫማ ገዛ

αθλητικά παπούτσια
ስኪርስ

σανδάλια

ሻበጥ

παπούτσια

ጫማ

γαλότσες

ረፋዕ ነማ

εσώρουχο

ሙታንታ

σουτιέν

ክዳን ጡብ

φανέλα

ትሕተ ካሚቻ

ρούχα - ክዳን   45

σώμα

ቦዲ

παντελόνι

ስረ

τζιν παντελόνι

ጄንስ

φούστα

ቀሚሽ

μπλούζα

ካምቻ

πουκάμισο

ካሚቻ

πουλόβερ

ጉልፎ

πουλόβερ

ጎልፎ

σακάκι

ጃኬት

μπουφάν

ጃከት

παλτό

ጁባ

αδιάβροχο πανωφόρι

ከዳን ዝናብ

κοστούμι

ኮስቱም

φόρεμα

ቀሚሽ

νυφικό

ቀሚሽ መርዓ

κοστούμι

ልብሲ.

νυχτικό

ካሚቻ ለይቲ

πιτζάμες

ክዳን ለይቲ

σάρι

ሳሪ

μαντήλι

መሃረብ ርእሲ.

τουρμπάνι

ቱርባን

μπούρκα

ቡርካ

καφτάνι

ካፍታን

μουσουλμανικό ένδυμα

አባያ

ολόσωμο μαγιό

ክዳን መሕብሲ.

ανδρικό μαγιό

ስረ መሕምበሲ.

σορτς

ሓጺር ስረ

αθλητική φόρμα

ክዳን ታዕሊም

ποδιά

በኛ ክዳን

γάντια

ጓንቲ

ρούχα - ክዳን

κουμπί

መልጎም

γυαλιά

መነጽር

βραχιόλι

በንናጅር

περιδέραιο

ማዕተብ

δαχτυλίδι

ቀለበት

σκουλαρίκι

ኩትሻ

καπέλο

ቆብዕ

κρεμάστρα

መንበሪ ጁባ

καπέλο

ባርኔጣ

γραβάτα

ካራባት

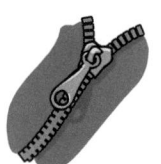

φερμουάρ

ዢርነጣ

κράνος

ሀልመት

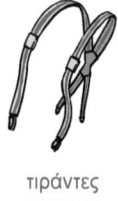

τιράντες

መድልደል ስረ

μαθητική στολή

ድቢዛ ቤትትምህርቲ

στολή

ድቢዛ

σαλιάρα

ሰደርያ ቆልኝ

πιπίλα

ዓባስ

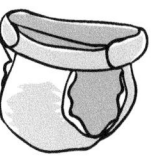

πάνα

ጨርቂ ማግይ

γραφείο

ቤት ጽሕፈት

σέρβερ
ሰርቨር

αρχειοθήκη
ከብሒ ሰነድ

εκτυπωτής
ፕሪንተር

οθόνη
ሞኒተር

χαρτί
ወረቐት

γραφείο
ጠወላ ምጽሓፍ

ποντίκι
አንጭዋ

ντοσιέ
ሓዘ̈ፈ

πληκτρολόγιο
ኪቦርድ

καλάθι αχρήστων
ጎሓፍ ወረቐት

υπολογιστής
ኮምፒተር

καρέκλα
መንበር

κούπα του καφέ

ብርጭቆ ቡን

κομπιουτεράκι

ካልኩለተር

ίντερνετ

ኢንተርነት

λάπτοπ

ለፕቶፕ

γράμμα

ደብዳበ

μήνυμα

መልእኽቲ

κινητό

ሞባይል

δίκτυο

ነትወርክ/መርበብ

φωτοτυπικό μηχάνημα

መቅድሒ ፎቶኮፒ

λογισμικό

ሶፍትዌር

τηλέφωνο

ተለፎን

πρίζα

ሶከት ኣረንቲ

συσκευή φαξ

ፋክስ

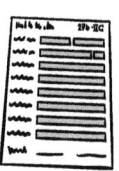

έντυπο

ፎርም

έγγραφο

ሰነድ

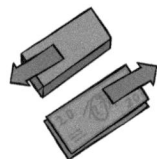

αγοράζω

ገዛእ

πληρώνω

ከፈለ

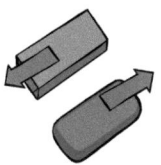

συναλλάσσομαι

ንግዲ

χρήματα

ገንዘብ

δολάριο

ዶላር

ευρώ

ኦይሮ

γιεν

የን

ρούβλι

ሩብል

ελβετικό φράγκο

ስዊዝ ፍራንክን

ρενμίνμπι γιουάν

ረንሚንቢ ዩዋን

ρουπία

ሩፒየ

ΑΤΜ (αυτόματη ταμειακή μηχανή)

መውጽኢ ማሺን ገንዘብ

ανταλλακτήρια
συναλλάγματος

በታ ቅያር ገንዘብ

χρυσός

ወርቂ

ασήμι

ብሩር

πετρέλαιο

ዘይቲ

ενέργεια

ሓይሊ

τιμή

ዋጋ

συμβόλαιο

ውዕል

φόρος

ቀረጽ

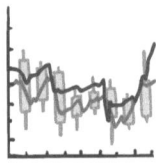

μετοχή

እኩብ ጥሪ-ነገራት

δουλεύω

ሰርሐ

υπάλληλος

ሰራሕተኛ

εργοδότης

ኣስራሒ

εργοστάσιο

ትካል

κατάστημα

ዱኳን

αστυνόμος
በዓል ፖሊስ

πυροσβέστης
መጠፊኢ ሓዊ

μάγειρας
ከሻኒ

γιατρός
ሓኪም

πιλότος
መራሒ ነፋሪት

κηπουρός

ሰራሕተኛ ጀርዲን

ξυλουργός

ጸራቢ ዕንጸይቲ

μοδίστρα

ሰፋይት

δικαστής

ፈራዳይ

χημικός

ቀማሚ

ηθοποιός

ተዋሳኢ

οδηγός λεωφορείου

መራሒ አዉቶቡስ

ταξιτζής

አዉቲስታ ታክሲ

ψαράς

ገፋፊ ዓሳ

καθαρίστρια

ጽራጊት

τεχνίτης στεγών

ሃናጺይ ናሕሲ

σερβιτόρος

አሰላፊ

κυνηγός

ሃዳናይ

ζωγράφος

ሰአላይ

αρτοποιός

እንዳ ሕብስቲ

ηλεκτρολόγος

ኤሌትሪከኛ

οικοδόμος

ሃናጺ አባይቲ

μηχανολόγος

ሃንዳሲ

κρεοπώλης

ሰራሕተኛ እንዳ ስጋ

υδραυλικός

ድራብሊኮ

ταχυδρόμος

አማላሳሲ ጶስጣ

στρατιώτης

ወተሃደር

αρχιτέκτονας

መሃንድስ

ταμίας

ተሓዝ ገንዘብ

ανθοπώλης

ሰራሕተኛ ዕምባባ

κομμωτής

ቀምቃማይ

ελεγκτής εισιτηρίων

ፈተሪኖ

μηχανικός

መካኒክ

καπετάνιος

መራሒ መርከብ

οδοντίατρος

ሓኪም ስኒ

επιστήμονας

ተመራማሪ

ραβίνος

ራቢ.

ιμάμης

ኢማም

μοναχός

ፈላሲ.

ιερέας

ቀሺ.

εργαλεία
ናውቲ

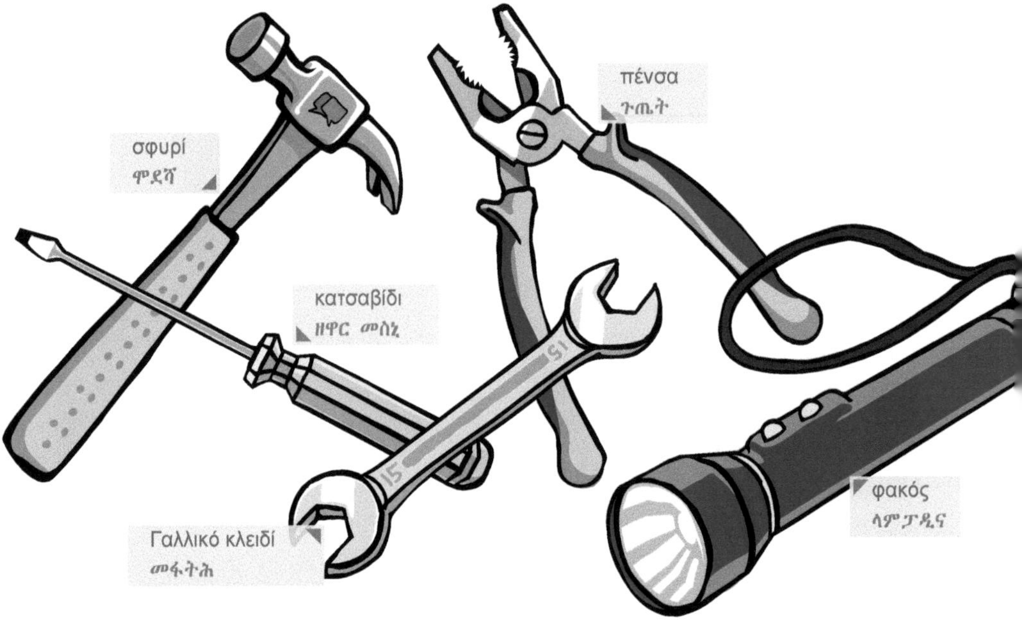

σφυρί
ሞደሻ
πένσα
ጉጤት
κατσαβίδι
ዘዋር መስኒ
Γαλλικό κλειδί
መፍትሕ
φακός
ላምፓዲና

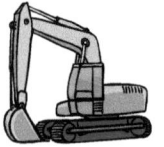

εκσκαφέας

ፊሓሪ

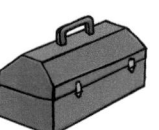

εργαλειοθήκη

ናውቲ ቦክስ

σκάλα

መደያይቦ

πριόνι

መጋዝ

καρφιά

መስማር

τρυπάνι

ኰዓቲ

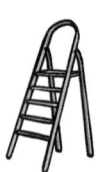

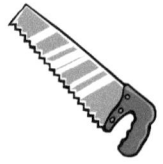

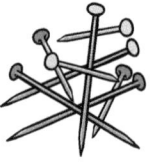

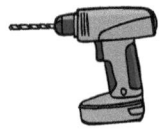

επισκευάζω

ም*ዕራይ

φτυάρι

ባደላ

Να πάρει!

አይ!

φαράσι

መትሓዚ ዶሮና

δοχείο χρωμάτων

ድስቲ ቀለም

βίδες

ካቺቢ-ተ

μουσικά όργανα

መሳርሒ ሙዚቃ

μεγάφωνο
እስፒከር

ντραμς
ከበሮታት

κοντραμπάσο
ረጉድ ዓባይ
ጊታር

τρομπέτα
ትሮምፐት

κιθάρα
ጊታር

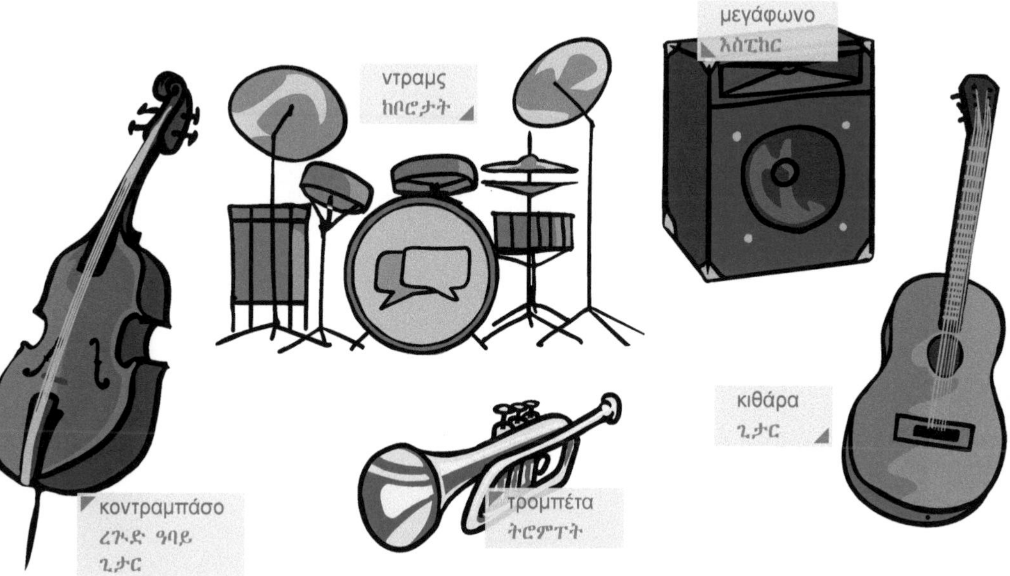

πιάνο

ፒያኖ

βιολί

ቫዮሊን

μπάσο

ባስ ጊታር

τύμπανα

ቲምንኢ

τύμπανο

ከበሮ

πλήκτρα

ኦርጋን

σαξόφωνο

ሳክሶፎን

φλάουτο

ሻምብቆ

μικρόφωνο

ሚክሮፎን

ζωολογικός κήπος
መካነ እንስሳታት

Picture labels:

- τίγρης / ነብር
- κλουβί / ኑብያ
- ζέβρα / አድጊ በረኻ
- ζωοτροφή / መግቢ እንስሳ
- είσοδος / መእተዊ
- πάντα / ፓንዳ

ζώα

እንስሳታት

ελέφαντας

ሓርማዝ

καγκουρό

ካንጋሩ

ρινόκερος

ሓሪሽ

γορίλας

ጐሪላ

αρκούδα

ድቢ

καμήλα

ገመል

στρουθοκάμηλος

ሰገን

λιοντάρι

አንበሳ

πίθηκος

ሀበይ

φλαμίνγκο

ፍላሚንጎ

παπαγάλος

ሕንጻይ

πολική αρκούδα

ድቢ በረድ

πιγκουίνος

ፐንጉን

καρχαρίας

ከልቢ ዓሳ

παγώνι

ጣውስ

φίδι

ተመን

κροκόδειλος

ሓርጽ

φύλακας ζωολογικού κήπου

ሓላዊ ቤት ገርድሸ

φώκια

ዓሳ ዚምግብ እንስሳ ባሕሪ

τζάγκουαρ

ጃጓር

πόνυ

ሓጺር ፈረስ

λεοπάρδαλη

ነብሪ

ιπποπόταμος

ጉማሬ

καμηλοπάρδαλη

ጄራፍ

αετός

ሊላ

αγριογούρουνο

መፍለስ

ψάρι

ዓሳ

χελώνα

ጎብየ

θαλάσσιος ίππος

ዋልሩስ

αλεπού

ወኻርያ

γαζέλα

ሰስሓ

Αμερικάνικο ποδόσφαιρο
ናይ አሜሪካ ኩዕሶ እግሪ

ποδηλασία
ምዝዋር ብሽግላቝ

αντισφαίριση
ተኒስ

μπάσκετ
ባስከትባል

κολύμβηση
ምሕምባስ

χόκεϋ επί πάγου
ሆኪ በረድ

πυγχαμία
ቦክሲንግ

ποδόσφαιρο
ኩዕሶ እግሪ

μπάντμιντον
ባድሚንቶን

στίβος
እስፖርታዊ ንጥፈታት

χάντμπολ
ኩዕሶ ኢድ

σκι
ስኪ

πόλο
ፖሎ

δραστηριότητες

ንጥፈታት

πηδάω
ነጠረ
αγκαλιάζω
ሓቖፈ
γελάω
ሰሓቐ
περπατάω
ከደ
τραγουδάω
ደረፈ
ονειρεύομαι
ሓለመ
προσεύχομαι
ጸለየ
φιλάω
ስዓመ

γράφω

ጸሓፈ

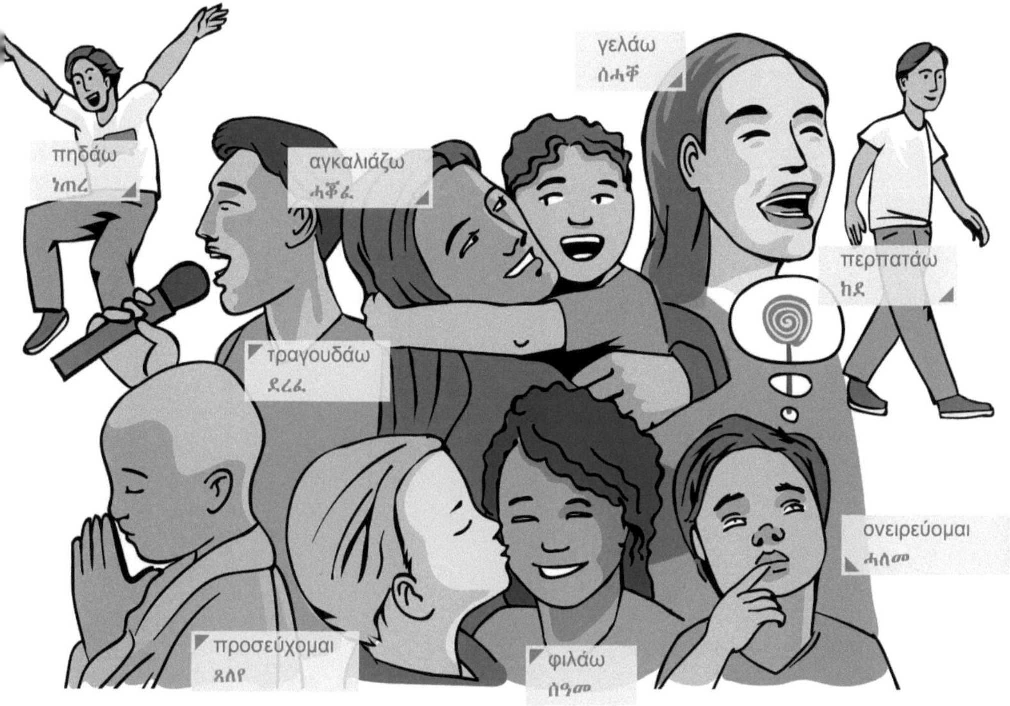

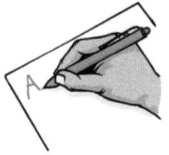

σχεδιάζω

ሰኣለ

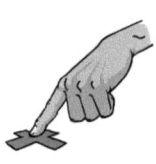

δείχνω

ኣርኣየ

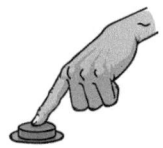

πιέζω

ደፍአ

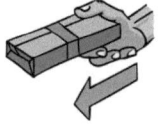

δίνω

ሃበ

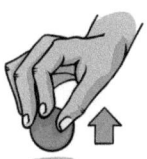

παίρνω

ወሰደ

έχω

አለወ

κάνω

ገበረ

είμαι

ኮነ

στέκομαι

ጠጠው በለ

τρέχω

ጎየየ

τραβάω

ሰሐበ

ρίχνω

ሰንደወ

πέφτω

ወደቐ

ξαπλώνω

ሓሰወ

περιμένω

ተጸበየ

κουβαλώ

ሰከም

κάθομαι

ኮፍ በለ

φοράω

ተኸድነ

κοιμάμαι

ደቀሰ

ξυπνάω

ተስአ

κοιτάω

ረኣየ

κλαίω

በኸየ

χαϊδεύω

ብኣጻብዑ ደረዘ

χτενίζω

መሽጠ

μιλάω

ተዛረበ

καταλαβαίνω

ተረድአ

ρωτάω

ሓተተ

ακούω

ሰምዐ

πίνω

ሰተየ

τρώω

በልዐ

συγυρίζω

ኣጽመጠ

αγαπάω

ኣፍቀረ

μαγειρεύω

ከሽነ

οδηγώ

ዘወረ

πετάω

ነፈረ

κάνω ιστιοπλοΐα

ብመርከብ ገዞሽ

υπολογίζω

ደመረ

διαβάζω

አንበበ

μαθαίνω

ተመሃረ

δουλεύω

ሰርሐ

παντρεύομαι

መርዓወ

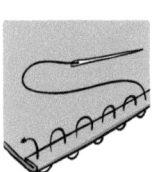

ράβω

ሰፈየ

βουρτσίζω τα δόντια

ጽሬት አስናን

σκοτώνω

ቀተለ

καπνίζω

ሽጋራ ተከኸ

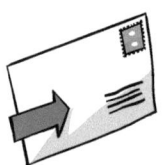

στέλνω

ሰደደ

οικογένεια
ስድራቤት

γιαγιά
ዓባየ
παππούς
ኣቦሓጎ
πατέρας
ኣቦ
μητέρα
ኣደ
μωρό
ማማይ
κόρη
ጓል
γιος
ወዲ

καλεσμένος

ጋሻ

θεία

ሓትኖ

θείος

ኣኮ

αδελφός

ሓው

αδελφή

ሓፍቲ

σώμα

ኣካላት

μέτωπο
ግንባር
μάτι
ዓይኒ
ώμος
መንኩብ
δάχτυλο
ኣጻብዕ
πρόσωπο
ገጽ
πιγούνι
መንከስ
χέρι
ኢድ
στήθος
ኣፍ-ልቢ
πόδι
ሽፋን እግሪ
βραχίονας
ምናት

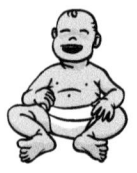

μωρό

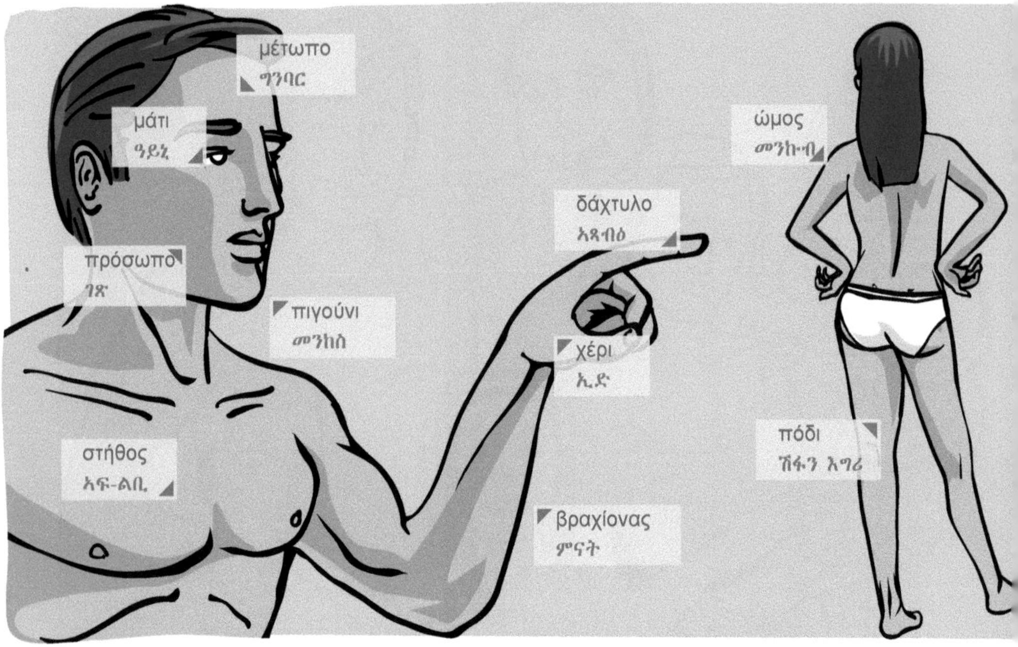

ማማይ

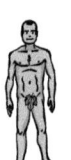

άνδρας

ሰብኣይ

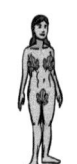

γυναίκα

ሰበይቲ

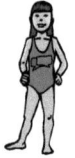

κορίτσι

ጓል

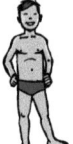

αγόρι

ወዲ

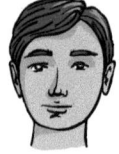

κεφάλι

ርእሲ

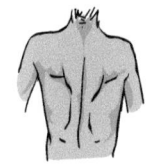

πλάτη

ሕቖ

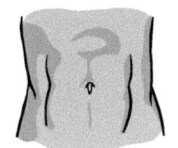

κοιλιά

ከስዐ

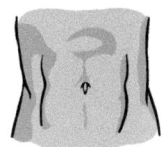

αφαλός

ሕምብርቲ

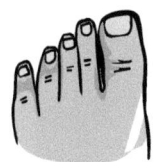

δάχτυλο ποδιού

ኣጻብዕ እግሪ

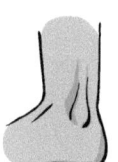

φτέρνα

ኩርኹረ

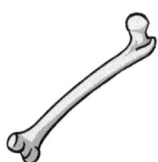

κόκκαλο

ዓጽሚ

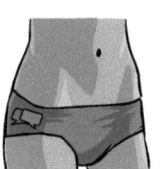

γοφός

ምሕኾልቲ

γόνατο

ብርኪ

αγκώνας

ፍግፍጕ

μύτη

ኣፍንጫ

γλουτός

መዓኮር

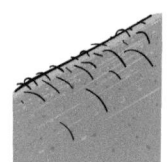

δέρμα

ቆርበት

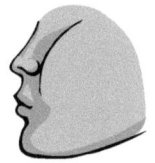

μάγουλο

ምዕጉርቲ

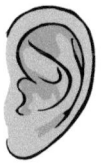

αυτί

እዝኒ

χείλος

ከንፈር

σώμα - ኣካላት

στόμα

አፍ

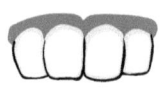

δόντι

ስኒ

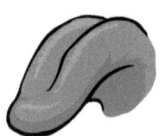

γλώσσα

መልሓስ

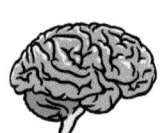

εγκέφαλος

ሓንጎል

καρδιά

ልቢ

μυς

ጭዋዳ

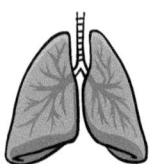

πνεύμονας

ሳንቡእ

συκώτι

ጸላም ከብዲ

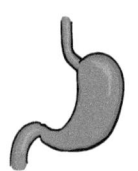

στομάχι

ከብዲ

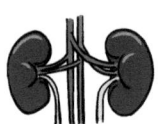

νεφρά

ኩሊት

σεξουαλική επαφή

ግብረ ስጋ

προφυλακτικό

ኮንዶም

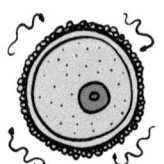

ωάριο

እንቋቑሖ

σπέρμα

ዘርኢ ተባዕታይ

εγκυμοσύνη

ጥንሲ

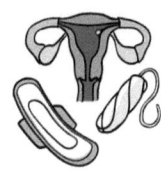

περίοδος

ጽግያት

γυναικείος κόλπος

ርሕሚ

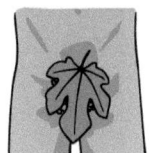

πέος

መትሎ

φρύδι

ሽፋሽፍቲ

μαλλιά

ጸጉሪ

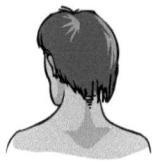

λαιμός

ክሳድ

νοσοκομείο

ሆስፒታል

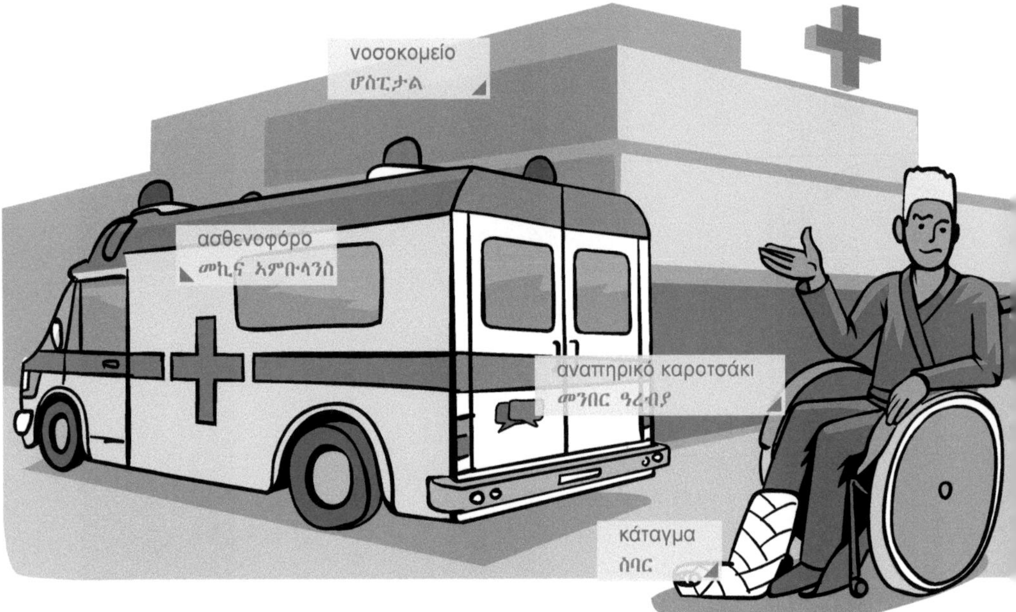

νοσοκομείο
ሆስፒታል
ασθενοφόρο
መኪና ኣምቡላንስ
αναπηρικό καροτσάκι
መንበር ዓረብያ
κάταγμα
ስባር

γιατρός

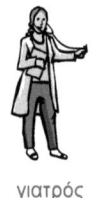

ሓኪም

μονάδα εντατικής θεραπείας

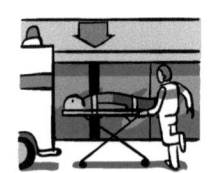

ክፍሊ ህጹጽ ረድኤት

νοσοκόμα

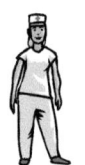

ኣላይት

έκτακτη ανάγκη

ህጹጽ ኩነት

λιπόθυμος

ውነኡ ዘጥፍአ

πόνος

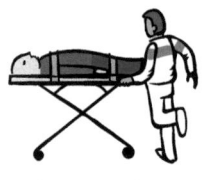

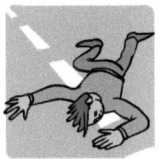

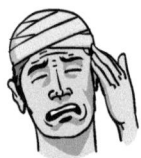

ቃንዛ

τραύμα

ጉድኣት

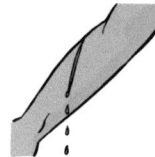

αιμορραγία

ደም

έμφραγμα

ማህረምቲ

εγκεφαλικό

ማህረምቲ

αλλεργία

ኣለርጂ

βήχας

ሰዓል

πυρετός

ረስኒ

γρίπη

ኢንፍልወንዛ

διάρροια

ውጽኣት

πονοκέφαλος

ቃንዛ ርእሲ

καρκίνος

መንሽሮ

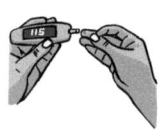

διαβήτης

ሽኮርያ

χειρουργός

ሓኪም መጥባሕቲ

νυστέρι

መጥብሒ

εγχείρηση

መጥባሕቲ

αξονική τομογραφία

CT

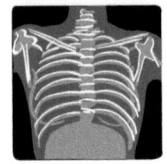

ακτινογραφία

ሬ-ጄ

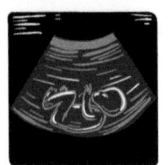

υπέρηχος

ልዕለ ድምጻዊ

μάσκα

መሸፈኒ ገጽ

ασθένεια

ሕማም

αίθουσα αναμονής

ክፍሊ ምጽባይ

πατερίτσα

ምርኩስ

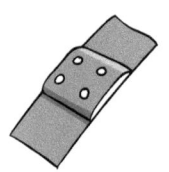

χάνσαπλαστ

መጅነኒ ቆስሊ

επίδεσμος

መጅነኒ

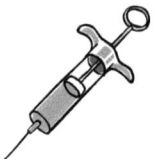

ένεση

መርፍዕ ምውጋእ

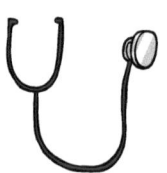

στηθοσκόπιο

ስተቶስኮፕ

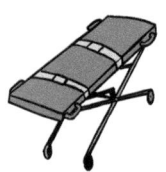

φορείο

መሰከሚ ሕማም

θερμόμετρο

ቴርሞመተር

γέννηση

ትውልዲ

υπέρβαρο

ልዕለ-ሚዛን

νοσοκομείο - ሆስፒታል

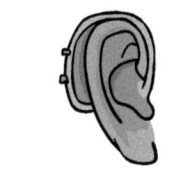

ακουστικό βαρηκοΐας

ሓገዝ ምስማዕ

αντισηπτικό

ኣንጻህ

λοίμωξη

ልበዳ

ιός

ቫይረስ

HIV/AIDS

ኤድስ

φάρμακο

ሕክምና

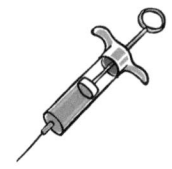

εμβολιασμός

ክታበ

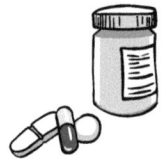

δισκία

ክኒና

χάπι

ክኒና

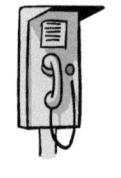

κλήση έκτακτης ανάγκης

ህጹጽ ምድዋል

πιεσόμετρο αίματος

መዕቀኒ ጸቕጢ ደም

άρρωστος / υγιής

ሕሙም / ጥዑይ

Βοήθεια!	συναγερμός	βιαιοπραγία
ሓገዝ	ኣላርም	ምህጻም

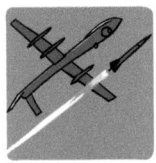		
επίθεση	κίνδυνος	έξοδος κινδύνου
መጥቃዕቲ	ድንገት	ህጹጽ መውጽኢ

Φωτιά!	πυροσβεστήρας	ατύχημα
ሓዊ!	መጥፍኢ ሓዊ	ሓደጋ

κουτί πρώτων βοηθειών	SOS	αστυνομία
ሳንጣ ቀዳማይ ረድኤት	SOS	ፖሊስ

Ευρώπη

ኤውሮጳ

Βόρεια Αμερική

ሰሜን አመሪካ

Νότια Αμερική

ደቡብ አመሪካ

Αφρική

አፍሪቃ

Ασία

ኤስያ

Αυστραλία

አውስትራልያ

Ατλαντικός Ωκεανός

አትላንቲክ

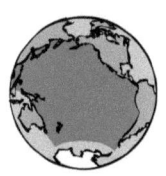

Ειρηνικός Ωκεανός

ፓሲፊክ

Ινδικός Ωκεανός

ህንዳዊ ዉቅያኖስ

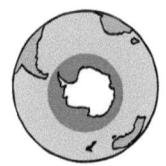

Ανταρκτικός Ωκεανός

አንታርቲካዊ ዉቅያኖስ

Αρκτικός Ωκεανός

አርክቲካዊ ዉቅያኖስ

Βόρειος Πόλος

ሰሜናዊ ዋልታ

Νότιος Πόλος

ደቡባዊ ዋልታ

Ανταρκτική

አንታርቲካ

Γη

ምድሪ

γη

መሬት

θάλασσα

ባሕሪ

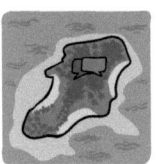

νησί

ደሴት

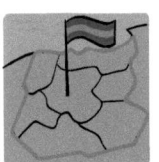

έθνος

ሃገር

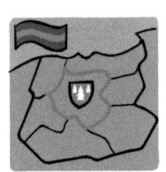

πολιτεία

ዓዲ

καντράν ρολογιού

ገጽ ሰዓት

ωροδείκτης

አመልካቲ ሰዓታት

λεπτοδείκτης

አመልካቲ ደቓይቕ

δείκτης δευτερολέπτων

አመልካቲ ካልኢት

Τι ώρα είναι;

ሰዓት ክንደይ አሎ?

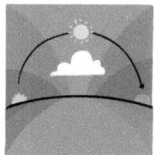

ημέρα

መዓልቲ

χρόνος

ግዜ

τώρα

ሕጂ

ψηφιακό ρολόι

ዲጂታል ሰዓት

λεπτό

ደቒቕ

ώρα

ሰዓት

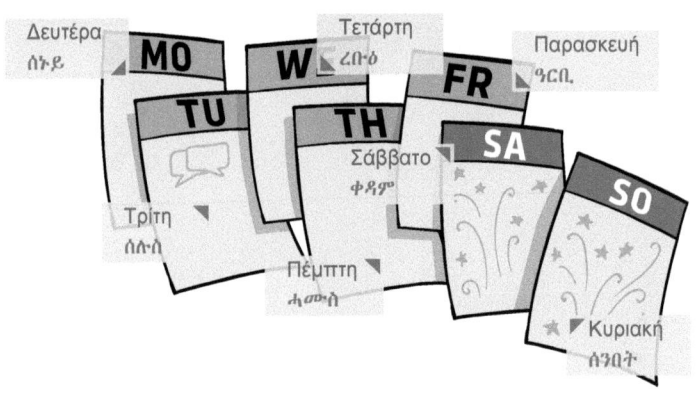

Δευτέρα
ሰኑይ
MO

W
ረቡዕ

Τετάρτη

Παρασκευή
ዓርቢ
FR

TU

TH

Σάββατο
ቀዳም
SA

SO

Τρίτη
ሰሉስ

Πέμπτη
ሓሙስ

Κυριακή
ሰንበት

χθες
....
ትማሊ.

σήμερα
....
ሎሚ.

αύριο
....
ጽባሕ

πρωί
....
ንጉሆ

μεσημέρι
....
ቀትሪ

βράδυ
....
ምሸት

MO	TU	WE	TH	FR	SA	SU
1	2	3	4	5	6	7
8	9	10	11	12	13	14
15	16	17	18	19	20	21
22	23	24	25	26	27	28
29	30	31	1	2	3	4

εργάσιμες ημέρες
....
መዓልታት ስራሕ

MU	TU	WE	TH	FR	SA	SU
1	2	3	4	5	6	7
8	9	10	11	12	13	14
15	16	17	18	19	20	21
22	23	24	25	26	27	28
29	30	31	1	2	3	4

Σαββατοκύριακο
....
መወዳእታ ሰሙን

έτος
ዓመት

βροχή
ዝናብ
ουράνιο τόξο
ቀስተ-ደመና
χιόνι
በረድ
άνεμος
ንፋስ
άνοιξη
ጽድያ
φθινόπωρο
ቀውዒ
καλοκαίρι
ሓጋይ
χειμώνας
ክረምቲ

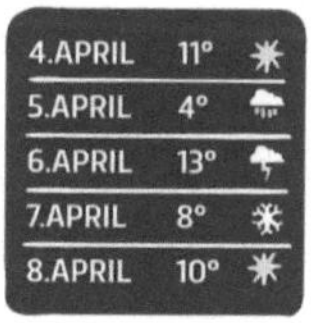

4.APRIL 11°
5.APRIL 4°
6.APRIL 13°
7.APRIL 8°
8.APRIL 10°

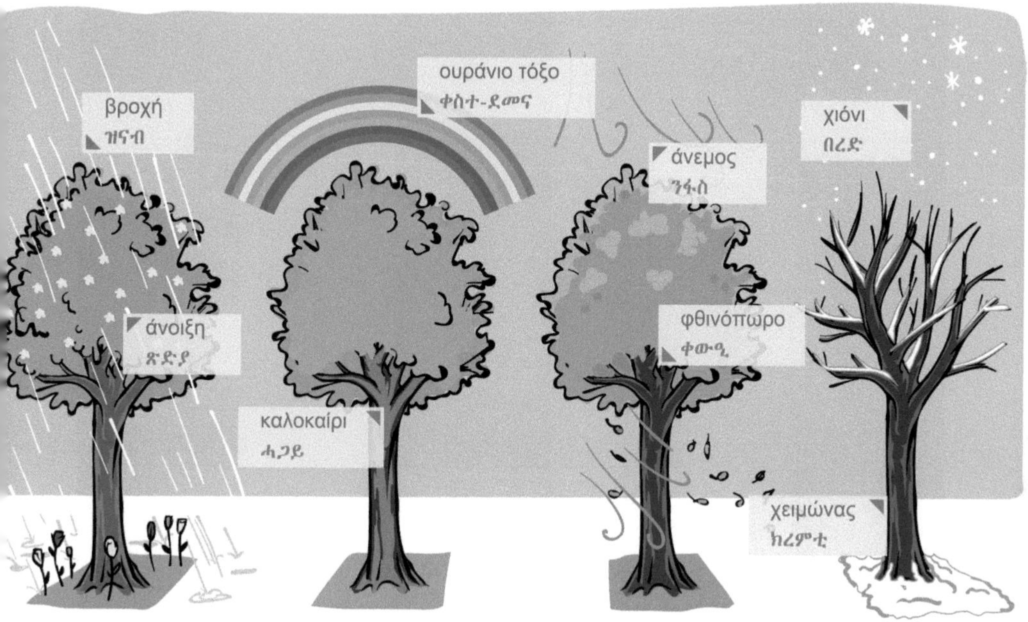

πρόγνωση καιρού

ትንቢት ኩነታት ኣየር

F C
120 90 60 30 0 -30
40 30 20 10 0 -10 -20

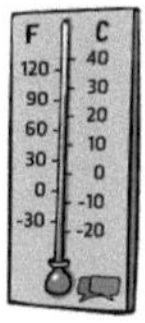

θερμόμετρο

ቴርሞመተር

λιακάδα

ብርሃን ጸሓይ

σύννεφο

ደበና

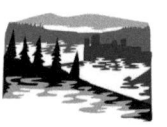

ομίχλη

ግመ

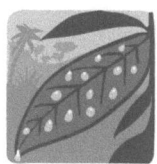

υγρασία

ጠሊ

αστραπή

ብርቂ

κεραυνός

ነጐዳ

καταιγίδα

ህቦብላ

χαλάζι

በረድ

μουσώνας

ብርቱዕ ህቦብላ

πλημμύρα

ውሕጅ

πάγος

በረድ

Ιανουάριος

ጥሪ

Φεβρουάριος

ለካቲት

Μάρτιος

መጋቢት

Απρίλιος

ሚያዝያ

Μάιος

ጉንበት

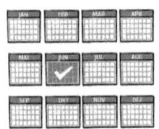

Ιούνιος

ሰነ

Ιούλιος

ሓምለ

Αύγουστος

ነሓሰ

έτος - ዓመት

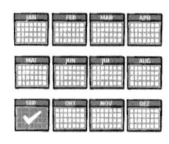

Σεπτέμβριος

መስከረም

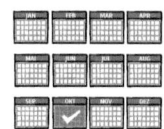

Οκτώβριος

ጥቅምቲ

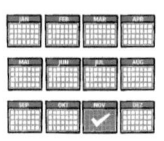

Νοέμβριος

ሕዳር

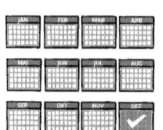

Δεκέμβριος

ታሕሳስ

σχήματα
ቅርጻታት

κύκλος

ዙርያ

τετράγωνο

ትርብዒት

ορθογώνιο
παραλληλόγραμμο
ቅኑዕ ርቡዕ ኮርናዕ

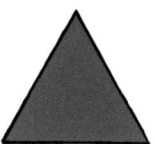

τρίγωνο

ስሉስ ኩርናዕ

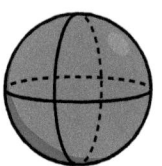

σφαίρα

ክቢ

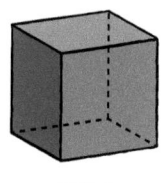

κύβος

ኩቦ

άσπρο

ጻዕዳ

κίτρινο

ብጫ

πορτοκαλί

አራንሺ

ροζ

ሮዝ

κόκκινο

ቀይሕ

μωβ

ጆኽ

μπλε

ሰማያዊ

πράσινο

ቀጠልያ

καφέ

ቡናዊ

γκρι

ሓሙኽሻታይ

μαύρο

ጸሊም

πολύ / λίγο

ብዙሕ / ውሑድ

θυμωμένος / ήρεμος

ሕሩቕ / ሰላማዊ

όμορφος / άσχημος

ጽቡቕ / ክፉእ

αρχή / τέλος

መጀመርያ / መወዳእታ

μεγάλος / μικρός

ዓቢ / ንእሽቶ

φωτεινός / σκοτεινός

ብሩህ / ጸልማት

αδελφός / αδελφή

ሓው / ሓፍት

καθαρός / λερωμένος

ጽሩይ / ርሳሕ

πλήρης / ατελής

ምሉእ / ዘይምሉእ

ημέρα / νύχτα

መዓልቲ / ለይቲ

νεκρός / ζωντανός

ሙዉት / ህልው

φαρδύς / στενός

ሰፊሕ / ጸቢብ

βρώσιμος / μη βρώσιμος

ደስ ዘበል / ደስ ዘይብል

κακός / ευγενικός

እኩይ / ህያዋይ

ενθουσιασμένος / βαριεστημένος

ርቡጽ / ስልኩይ

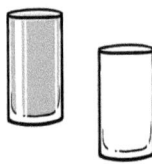

παχύς / λεπτός

ረጊድ / ቀጢን

πρώτος / τελευταίος

ቀዳማይ / ናይ መወዳእታ

φίλος / εχθρός

ዓርኪ / ጸላኢ

γεμάτος / άδειος

ምሉእ / ባዶ

σκληρός / μαλακός

ተሪር / ልስሉስ

βαρύς / ελαφρύς

ከቢድ / ፈኩስ

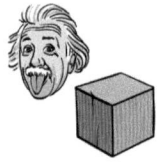

πείνα / δίψα

ጥምየት / ጽምየት

άρρωστος / υγιής

ሕሙም / ጥዑይ

παράνομος / νόμιμος

ዘይሕጋዊ / ሕጋዊ

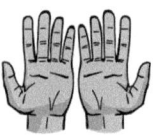

έξυπνος / χαζός

መስተውዓሊ / ዓሻ

αριστερός / δεξιός

ጸጋም / የማን

kontinός / makrinός

ቀረባ / ርሑቕ

καινούριος / μεταχειρισμένος

ሓዲሽ / ብሉይ

τίποτα / κάτι

ዋላ ሓደ / ገለ

γέρος | νέος

ዓቢ/ኣረጊት / መንእሰይ

αναμμένος / σβηστός

ወልዕ / ኣጥፍእ

ανοιχτός / κλειστός

ክፉት / ዕጹው

χαμηλόφωνος / μεγαλόφωνος

ህዱእ / ዓው

πλούσιος / φτωχός

ሃብታም / ድኻ

σωστός / λανθασμένος

ቅኑዕ / ግጉይ

τραχύς / λείος

ሓርፋፍ / ልሙጽ

λυπημένος / χαρούμενος

ጉሁይ / ሕጉስ

κοντός / μακρύς

ሓጺር / ነዊሕ

αργός / γρήγορος

ቀስ / ቅልጡፍ

υγρός / στεγνός

ጥሉል / ንቑጽ

ζεστός / δροσερός

ምዉቕ / ዝሑል

πόλεμος / ειρήνη

ውግእ / ሰላም

αντίθετα - ኣንጻራት

0	**1**	**2**
μηδέν	ένα	δύο
ዜሮ	ሓደ	ክልተ

3	**4**	**5**
τρία	τέσσερα	πέντε
ሰለስተ	ኣርባዕተ	ሓሙሽተ

6	**7**	**8**
έξι	εφτά	οκτώ
ሽዱሽተ	ሸውዓተ	ሸሞንተ

9	**10**	**11**
εννιά	δέκα	έντεκα
ትሽዓተ	ዓሰርተ	ዓሰርተ ሓደ

12

δώδεκα

ዓሰርተ ክልተ

13

δεκατρία

ዓሰርተ ሰለስተ

14

δεκατέσσερα

ዓሰርተ ኣርባዕተ

15

δεκαπέντε

ዓሰርተ ሓሙሽተ

16

δεκαέξι

ዓሰርተ ሽዱሽተ

17

δεκαεφτά

ዓሰርተ ሸውዓተ

18

δεκαοκτώ

ዓሰርተ ሸሞንተ

19

δεκαεννέα

ዓሰርተ ትሸዓተ

20

είκοσι

ዕስራ

100

εκατό

ሚእቲ

1.000

χίλια

ሽሕ

1.000.000

εκατομμύριο

ሚልዮን

Αγγλικά

እንግሊዝኛ

Αμερικάνικα Αγγλικά

አሜሪካዊ እንግሊዛዊ

Μανδαρίνικα Κινέζικα

ቻይናዊ ማንዳሪን

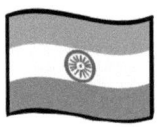

Χίντι

ሂንዳዊ

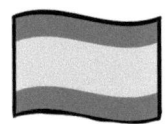

Ισπανικά

እስጳኛዊ

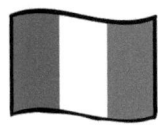

Γαλλικά

ፈረንሳዊ

Αραβικά

ዓረባዊ

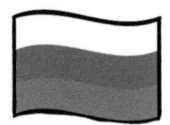

Ρώσικα

ሩሲያዊ

Πορτογαλικά

ፖርቱጋላዊ

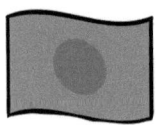

Μπενγκάλι

በንጋሊ

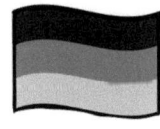

Γερμανικά

ጀርመናዊ

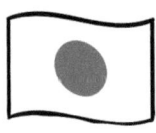

Ιαπωνικά

ጃፓናዊ

εγώ

ኣነ

εσύ

ንስኻ/ኺ

αυτός / αυτή / αυτό

ንሱ / ንሳ / ንሱ

εμείς

ንሕና

εσείς

ንስኻ

αυτοί / αυτές / αυτά

ንሳቶም

ποιος / ποια / ποιο;

መን?

τι;

እንታይ?

πώς;

ከመይ?

πού;

ኣበይ?

πότε;

መዓስ?

όνομα

ሽም

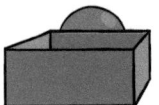

πίσω

ድሕሪ

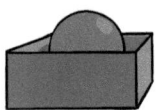

μέσα

አብ

μπροστά

አብ ቅድሚ

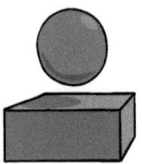

πάνω από

አብ ላዕሊ

πάνω

አብ ልዕሊ

κάτω

ትሕቲ ምድሪ

δίπλα

አብ ጥቓ

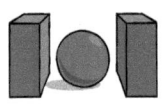

ανάμεσα

አብ መንጎ

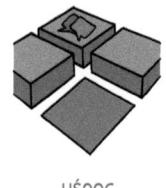

μέρος

ቦታ